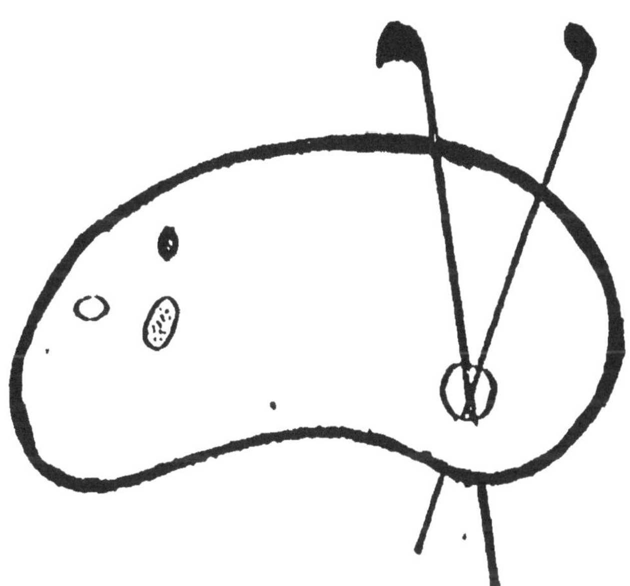

COUP D'ŒIL

SUR

L'ASSISTANCE

PAR

Un ancien Administrateur [du] Bureau
de Bienfaisance

PARIS
LIBRAIRIE GUILLAUMIN ET Cie
Rue Richelieu, 14
1889

EN VENTE :

à Paris

LIBRAIRIE GUILLAUMIN ET Cie

Rue Richelieu, 14

à Avignon

Aux Bureaux du *RÉVEIL DU MIDI*

Rue du Collège, 6

Et chez les principaux Libraires

Prix : 60 Centimes

IMP. DU RÉVEIL DU MIDI. — AVIGNON.

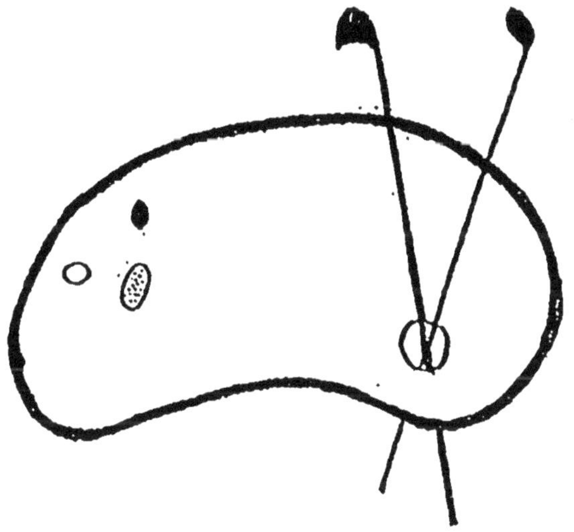

FIN D'UNE SERIE DE DOCUMENTS
EN COULEUR

COUP D'ŒIL

SUR L'ASSISTANCE

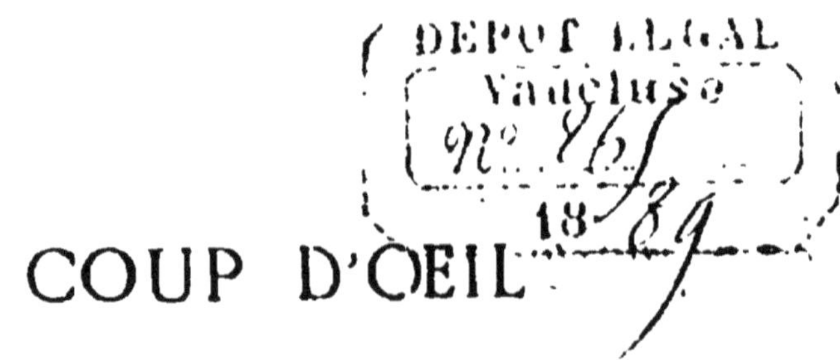

COUP D'ŒIL

SUR

L'ASSISTANCE

PAR

Un ancien Administrateur de Bureau
de Bienfaisance

PARIS
LIBRAIRIE GUILLAUMIN ET Cie
Rue Richelieu, 14
1889

A MON AMI RAVEAU

VICE-PRÉSIDENT

de la Commission

DU BUREAU DE BIENFAISANCE

D'AVIGNON

Membre du Conseil Général

de Vaucluse

Les idées d'un ex-collaborateur ne seront pas agréées toutes peut-être; ce qui sera agréé, je l'espère, c'est le nouveau témoignage d'une amitié vieille de cinquante ans.

CLÉMENT-SAINT-JUST

Avignon, 1er juin 1889.

TABLE

Première Partie

Seconde Partie

COUP D'ŒIL SUR L'ASSISTANCE

PREMIÈRE PARTIE

CONSIDÉRATIONS GÉNÉRALES

I

Origine et théorie générale de l'Assistance

A l'état primitif, il n'y a pas d'assistance : l'homme tue son semblable et le mange. La première lueur de civilisation fut de s'unir pour cette œuvre sauvage : on s'associa pour la guerre, tant défensive qu'offensive, et le service rendu fit émerger du fond de la nature humaine ses germes latents de gratitude et de sympathie. Puis les faibles furent protégés par les dieux : *res est sacra miser*. Aujourd'hui ils sont protégés par la législation de tous les peuples civilisés. Un homme est d'autant plus civilisé qu'il est plus miséricordieux et serviable, et que le sentiment d'obligeance acquiert en lui une plus haute expression dans la politesse, qui, quand elle vient du cœur, est la caractéristique des âmes d'élite.

Théoriquement, chacun vit de son travail ; les unités individuelles et familiales doivent se suffire à elle-mêmes, et nul n'a rien à réclamer du voisin. La responsabilité personnelle ne serait pas complète si elle était partagée, si elle avait son complément en dehors d'elle-même, dans un concours obligatoire et gratuit ; la liberté et le mérite seraient de vains mots, l'unité serait un mensonge, si l'individu ressortait d'une responsabilité étrangère et en dépendait dans sa vie morale.

Mais s'il n'y a pas un droit strict et absolu, la civilisation proclame un droit moral à l'assistance. La loi générale est le cadre hors duquel l'organisme social cesse d'exister ; la morale particulière en est en quelque sorte l'ornement ; elle est en dehors et au-dessus de la loi. La loi, c'est l'absolu nécessaire ; la morale, c'est l'idéal et la perfection. L'une est du domaine coërcitif ; l'autre est du noble domaine de la volonté et de la vertu.

II

Nécessité de l'Assistance

L'assistance est obligatoire dans un état social perfectionné, comme soutien dans le malheur, comme correctif de la misère accidentelle, comme providence de l'enfance et de la vieillesse délaissées Si les malheureux n'étaient pas secourus, la civilisation perdrait la plus belle fleur de sa couronne, et en outre elle pourrait être compromise par les attaques violentes des déshérités. Ce n'est pas toujours par sa faute qu'on est dans la détresse ; on a beau être prévoyant, il y a des cas de force majeure, tels que chômages et intempéries insolites, inondations, incendies, maladies, guerres, sinistres divers, sans oublier les vices des pères, l'abandon des vieillards par les enfants. Que de souffrances, souvent imméritées, qui ne peuvent être guéries sans aide et secours ! Alors la bienfaisance fait son œuvre, une main fraternelle relève les défaillants, les remet sur pied, les réinstalle dans l'atelier du travail ou dans le sentier de la vertu ;

ou bien elle assiste à demeure les éclopés sans retour, dont les énergies sont éteintes. Ainsi sont sauvegardés des malheureux de tous les âges : orphelins sans appui, vieillards sans asile, veuves sans ressources chargées de jeunes enfants, tout une cour des miracles où sont des volontés honnêtes qui n'ont malversé ni gaspillé, quelques égarés peut-être, ce monde de la misère et de la faim, vaste champ de manœuvre pour la fraternité secourable, pour les mains généreuses et les grandes âmes.

Insistons sur ce fait qu'il n'y a pas que des considérations élevées qui aboutissent à la fraternité humaine : l'intérêt personnel nous y convie. Le délaissement des souffrants au milieu d'une société dans l'aisance provoquerait chez ces malheureux des sentiments de colère, qui, plus tôt ou plus tard pourraient se traduire au moment favorable. en acte de violence, de spoliation, de meurtre peut-être. Ce n'est donc pas seulement une morale chaleureuse qui conseille la charité ; une saine politique nous y engage. La charité est le trait d'union qui se substitue à l'antagonisme entre la pauvreté et la richesse.

III

Histoire de l'Assistance

L'amour des hommes n'eut pas un grand épanouissement dès son aurore : il se confina d'abord aux environs du foyer, dans la famille, dans la tribu. Les archives de l'âge d'or où tout le monde s'aima n'ont été déposées que dans l'imagination des poètes ! On connut la compassion pour les malheureux plutôt que le secours ; on ignora l'humanité, sauf dans quelques mots de la scène antique, qui sont restés sans portée et sans écho. Le juif détesta le gentil. « Donne au fidèle, dit l'Ecclésiaste, et ne l'embarrasse pas de l'infidèle. — A l'esclave le pain et les verges. » Dans l'ancienne loi, le prochain c'est le juif seul, comme l'atteste Jésus dans le discours sur la Montagne : « Il vous a été dit : tu aimeras ton prochain et tu haïras tes ennemis : et moi je vous dis : aimez vos ennemis ! » Et ailleurs : « Je vous fais un commandement *nouveau* ; aimez-vous les uns les autres ! »

Il serait injuste de méconnaître qu'avant l'ère chrétienne, les maîtres du Portique avaient préconisé l'amour du genre humain : *Caritas generis humani*, dit Cicéron. L'éloquence stoïcienne, dans cette grande question, ne fut pas inférieure à celle des apôtres et des pères, Senèque fut l'égal de saint Paul. *Divina colere*. dit-il, *humana diligere*. Mais ce furent préceptes d'école, fantaisies d'érudit, ayant pour commentaires les duretés de l'esclavage, les tueries de l'arène. Ce fut la nouvelle religion qui proclama et pratiqua le culte de la fraternité universelle. Tout au moins, si les stoïciens ont planté l'arbre, c'est l'église qui l'a cultivé. La philosophie ne méconnaît pas l'histoire ! Si le christianisme n'a pas dévoilé la science de la vie telle qu'on la comprend aujourd'hui, du moins l'œuvre d'amour ne saurait lui être contesté. En effet, l'amour des opprimés devint la caractéristique du culte nouveau, chrétien fut synonyme de bienveillant et de fraternel ; la bienveillance s'incarna dans la doctrine, et le plus souvent dans les faits. S'il y a des exceptions, Torquemada, par exemple, ce sont des accidents de l'histoire : la pensée générale du christianisme reste marquée, dans ses annales, par les œuvres de la bonté et de l'amour.

Peut-être y aurait-il lieu d'examiner si toutes les institutions charitables du moyen-âge, du Ve au XVIe siècle, sont également dignes d'estime, et leur disparition digne de regrets ! Remarquons seulement que, après avoir traversé le milieu chrétien, et grâce à lui sans doute, ce sentiment fraternel est devenu l'héritage de toute la civilisation moderne, ça ou là, qu'elle soit, à cette heure, religieuse ou philosophique. Le principe de la fraternité a maintenant conquis le monde, et il tend à se graver dans les institutions, dans les lois, dans les mœurs

Toutefois, un changement immense s'opère : le sujet est le même, mais le décor change et les personnages sont nouveaux. La charité n'est plus une vertu théologale, c'est une vertu purement humaine : elle s'appelle l'assistance. Charité et assistance ont même but, mais les points d'appui, les motifs déterminants diffèrent. La première plonge dans les cieux avec le divin, ou dans la métaphysique avec l'école stoïcienne. Au contraire, l'assistance est un dogme purement terrestre et positif, qui résulte de la civilisation et de la solidarité humaine. L'une et l'autre ont leur raison d'être dans l'histoire que celle-là a rempli de ses monuments, et que celle-ci dotera un jour de services aussi amples, et, espérons-le, mieux entendus.

* * *

Nous avons esquissé largement la charité au point de vue historique. On peut la tracer en quelques mots au point de vue économique.

Dans l'humanité primitive, la pauvreté fut le lot commun. Quand l'appropriation des richesses acquises par le travail individuel en eut activé la production, les faibles produisant moins, les forts produisant plus, les inégalités apparurent, constituant d'un côté la fortune et de l'autre une pauvreté relative. Dans le premier cas, il n'y avait que des pauvres ; dans le second, il resta des pauvres, mais à côté d'eux il y eut des enrichis. Puis la religion et la civilisation en progrès adoucissant les cœurs, le sort des malheureux s'améliora peu à peu et une fraction de la richesse se dépensa à les secourir Par suite, en Orient, la Bible et le Coran prescrivent l'aumône, l'Occident chrétien institue les couvents, et tous répandent les secours sans compter. Alors se manifeste un résultat inattendu : l'abandon du travail, qui n'était plus nécessaire pour subsister, pour plusieurs un grand fléau d'indigence, enfin la mendicité universelle.

On a bien dit que dans l'esclavage et dans le patronat, maîtres et patrons veillaient sur les existences desquelles dépendait leur fortune, et qu'il n'y avait pas alors d'indigent ; qu'il en fut de même plus tard avec le servage pour le travail agricole, avec les corps de métier pour l'industrie, autre sorte de servage que M. de Mun et son école voudraient rétablir. Mais il y avait pourtant bien les travailleurs épuisés et les non-valeurs ! Et puis tous n'étaient pas secourus par le clergé et par les riches, témoins ces grandes compagnies qui s'organisèrent en bande pour les rançonner !

Ce qui est vrai, c'est que ce que nous avons appelé le prolétariat n'existait pas ; la population était peu expansive, la vie humaine était courte et aussitôt qu'elle débordait les subsistances, l'équilibre était rétabli par la mort.

Aujourd'hui, la liberté du travail et les révélations de la science ont multiplié les moyens de vivre, et les hommes ayant multiplié non parallèlement, mais outre mesure, il en est résulté des surnombres improductifs et affamés. C'est à la science nouvelle à les ordonner et à les mettre en valeur : la charité n'y suffit plus. Mais, avec ses imperfections, la vieille théorie a fait son œuvre et elle a donné ce qu'elle avait : comme telle elle a droit à la reconnaissance des hommes. L'assistance scientifique et humanitaire à son tour est pleine de promesses. La première a fait ses preuves ; de la seconde on les attend.

IV

Les services et les dangers de la charité

La charité est l'ange bienfaisant qui veille au chevet du malade dans une salle d'hôpital, qui prend l'enfant par la main et le mène à l'orphelinat, qui assure le pas chancelant du vieillard pour le conduire à l'hospice, qui donne l'abri et le réconfort au pauvre voyageur, le pain à la veuve dénuée, le vêtement à ceux qui sont nus, le secours accidentel aux blessés du travail ou de l'infortune. Nous verrons plus loin, avec quelque détail, les formes variées que sait revêtir la charité pour soulager ceux qui souffrent. Il semble qu'elle donne là le plus beau des spectacles, et que le nier serait un blasphème !

C'est pourtant ce qu'on a l'air de tenter dans les lignes suivantes, écrites à regret, en faisant des distinctions et des catégories dans les rangs de la misère.

On travaille pour produire, on produit pour consommer, on consomme pour vivre, et l'on vit en consommant les produits obtenus par son travail ou par l'échange. Mais travailler coûte une peine, un effort. Convenons-en, l'effort n'est pas naturel à l'homme ! L'état naturel à tout animal, c'est l'état inerte : quand le chien est repu il se repose, l'homme sauvage pareillement. Prévoir et travailler pour la faim prochaine est le fait de l'homme perfectionné ; ce perfectionnement est acquis plus ou moins à ceux qui nous entourent, à la réserve des idiots. Mais si les uns, par souci du lendemain, ont le cœur à l'ouvrage, les autres, restés voisins de l'animalité, se vouent de tout cœur à la chère paresse.

Or, si les tenants de la dernière catégorie pouvaient s'y cantonner avec impunité, il est évident que ceux de la première seraient incités à les suivre. Mais les paresseux ne font pas école, heureusement, et quand le cas d'inertie apparaît dans les rangs, il n'est pas toujours volontaire, car, à côté de ceux qui pouvant travailler ne le veulent, il y a ceux qui ne le peuvent quoique le voulant très bien. Ces derniers sont les clients légitimes de la bienfaisance publique et privée. Si les bonnes âmes leur viennent en aide indistinctement, elles guérissent les uns mais elles démoralisent les autres.

Rossi disait dans ses leçons au Collège de France que « avec la charité sans discernement on encourage la dissipation, la paresse, l'oubli du foyer, l'imprévoyance. »

En effet, du travail on attend un certain résultat qui est d'avoir du pain, et c'est le seul motif de suer et de peiner. Que si, à cette attente laborieuse, se substitue une attente gracieuse, telle que la bienfaisance assurée ou seulement probable, la sueur est trouvée plus amère, le travail plus fastidieux, la prévoyance plus importune. Alors les mains faiblissent, l'outil gît par terre dédaigné, toute énergie s'affaisse, et l'on ne verra bientôt plus qu'un simulacre d'activité improductive dans une tourbe de mendiants et d'affamés.

Il est impossible d'abandonner des malheureux, mais la préoccupation des distributeurs d'aumônes doit être surtout d'échapper à l'exploitation de la pauvreté fainéante ou apocryphe. L'on ne peut y échapper complètement : Dans le doute on penchera plutôt en faveur du malheureux, et si l'état misérable une fois constaté vous hésitez, pour la mesure, entre une pièce de métal ou bien deux, mettez-en trois. Au contraire, refusez sans dédain mais sans faiblesse à tout mendiant de profession.

Si on répand les secours sans discernement, on arrive à ce résultat, tout en faisant de bonnes œuvres, de faire des œuvres mauvaises : l'assistance de la misère sans intelligence devient elle-même une cause de misère, par exemple dans les cas où elle ralentit la disposition du travail. Quand la volonté se relache, quand l'aiguillon de la honte s'émousse, l'homme dégradé ne sait bientôt plus que tendre la main. L'essentiel serait de bien juger : si cette main est calleuse, respectez-la et remplissez-là ; si elle n'a pas trace de l'outil, repoussez-là. Que si vous donnez un secours habituel et assuré, vous rendez le travail antipathique et vous créez l'oisiveté définitive. C'est alors qu'on voit le métier de pauvre se transmettre de père en fils. M. de Watteville a trouvé en 1854 sur les rôles de l'assistance à Paris des individus dont les pères figuraient sur les rôles de 1830, et leurs grands'pères sur les rôles de 1802.

La charité aveugle a eu son idéal, et ses

résultats ont eu leur pleine floraison en Angleterre à la suite du statut d'Elisabeth, en 1601, et d'une législation secourable qui n'a été réformée qu'en 1834. Sous ce régime, être pauvre était une profession. Parlant d'un de ces assistés, un écrivain humoristique, William Stones, disait : « Il est né pour rien ; il a été mis en nourrice pour rien, élevé, instruit, vêtu pour rien ; il a appris un état pour rien ; il a été malade et guéri pour rien ; s'est marié et a eu des enfants pour rien, lesquels sont venus au monde et ont vécu comme leurs pères pour rien, jusqu'à leur mort, ayant alors reçu linceul, tombe et prières pour rien. »

Dieu me garde de dire que, parmi nos socialistes, il en est dont ce serait là le brillant programme ! Quoique il en soit, on n'a encore rien vu de tel sur le continent, et qu'on ne doive pas l'y voir de quelque temps est chose probable !

Avec ses ordres mendiants, quêtant par chemins, allant au ciel besace au dos, le moyen âge a sanctifié la paresse. Je connais pour être né dans son voisinage une ancienne cité romaine, importante jusqu'au XIIe siècle, puis détruite de fond en comble dans les guerres des comtes de Toulouse, appelée Vaison, aujourd'hui petit chef-lieu de canton dans le département de Vaucluse. De son ancienne splendeur elle n'avait gardé qu'un évêché, aboli à la Révolution, et des couvents de moines. Le dernier titulaire de cet évêché minuscule fut archevêque de Bourges sous Napoléon, et il est mort à Paris en 1835. Quant aux couvents, ils avaient sombré sans retour. Au temps de leur activité, ils distribuaient la soupe quotidienne aux habitants, qui, après l'avoir mangée, allaient, à l'ombre en été, au soleil en hiver, soigner leur vermine. Mon père, qui avait vécu sous l'ancien régime (s'étant marié il y a juste cent ans en la présente année de 1889), m'a dit bien des fois : « Aujourd'hui qu'ils n'ont plus la soupe, ils travaillent ; ils étaient tous gueux, ils sont tous riches ! »

Donner est bien ; bien donner est mieux. Autre est la théorie économique humanitaire, autre la théorie évangélique de la charité qui ferme les yeux. Désormais, la bienfaisance qui n'est pas vigilante est reconnue comme une cause de décadence morale ; elle aggrave le mal, loin de le guérir.

L'assistance ne détruit pas la misère ; si elle est d'un accès facile, elle l'accroît dans la mesure des espérances qu'elle suggère, non pas seulement aux fraudeurs qui l'exploitent, mais même aux nécessiteux qui l'avaient d'abord invoquée à bon droit momentanément. Exemple :

A Avignon, à la suite de l'inondation de 1886, des sommes importantes ont été distribuées aux inondés par l'intermédiaire de la commission du Bureau de bienfaisance La distribution fut laborieuse, faite sur des bases très étudiées et très sages, tellement sages que les secourus furent universellement satisfaits, et cela dit tout ! Eh bien ! à la suite de cette campagne d'aide aux inondés, nombre de secourus ayant appris par là le chemin du bureau de bienfaisance lui sont restés désormais fidèles, et la clientèle de l'établissement s'en est accrue à telles enseignes, que les ressources antérieurement suffisantes, aujourd'hui ne suffisent plus !

On ne saurait trop y insister : l'aumône est un palliatif : donnée à l'aveugle, elle démoralise l'indigent et elle appauvrit le donateur sans profit pour personne. Plus on distribue d'aumônes, plus on dégoûte du travail. Qu'un bureau de charité s'ouvre quelque part, soudain il est assailli, les quémandeurs émergent de partout, préférant l'aumône facile au travail pénible. Alors le ressort se détend, la responsabilité s'endort et par suite la misère grandit, car le secours est fallacieux, peu sûr en ses promesses. La charité ne guérit pas, elle soulage tout au plus ; si elle est imprévoyante, elle empire le mal. Bien plus, ce mal est contagieux et la charité pourra être exploitée comme moyen d'acquérir : vienne un jour de distribution publique de pain à bureau ouvert ! tel travailleur, après calcul, quitte sa besogne pour en profiter s'il y a bénéfice. Voilà des aumônes bien placées !

L'assistance est alimentée ou par l'impôt, ou par les dons volontaires. Or, l'impôt est prélevé sur des pauvres qu'elle appauvrit davantage, et les dons viennent en diminution du capital général qui aurait été dépensé en travaux reproductifs. Si, ainsi dotée, cette assistance fait œuvre utile qui supporte l'examen et résiste à la critique, alors elle doit figurer au compte des frais généraux d'entretien du mouvement social.

Mais si l'emploi en est vain, il y a gaspillage aux dépens du groupe et tendance à sa ruine.

Ajoutons que si les assistés sont dégagés des soucis du lendemain, ils procréent sans mesure, et si un large système d'assistance veut tenir pied à leur multiplication, les forces productives, dans l'hypothèse, seront entamées jusqu'au point d'amener la ruine universelle. Secourons la population besogneuse, mais limitons les secours pour qu'elle se limite elle-même.

Tout en faisant nos réserves sur la nécessité, dans notre pays et dans notre temps, de venir en aide aux souffrances de nos frères malheureux, citons l'opinion de deux philosophes qui l'ont publiée, l'un au delà du Rhin, l'autre au delà de l'Atlantique.

« L'Etat, dit Fichte, construit des hôpi-
« taux, des établissements de bienfaisance
« qui, en se développant, ne font que dé-
« velopper la misère, et semblent avoir
« pour mission d'encourager le paupérisme.
« Dans un Etat où la nouvelle éducation
« serait devenue générale, la nécessité des
« établissements de bienfaisance disparaî-

« trait complètement. » (Fichte, XIe discours. 1807).

Benjamin Franklin exprime la même idée :

« Je crains, dit-il, qu'assurer aux hommes « dans la vieillesse ou la maladie un secours « qui vienne d'autre chose que de l'indus- « trie et de l'économie pendant la jeunesse « et la santé, ce soit flatter notre indolence « naturelle, encourager notre paresse et notre « prodigalité, et par cela même favoriser et « accroître la pauvreté. On irrite ainsi le « mal même que l'on veut guérir ; au lieu « de diminuer les mendiants on les multi- « plie... Par toutes les institutions d'écoles, « d'hôpitaux, etc., les pauvres pourraient « peu à peu s'élever au dessus de la pau- « vreté, s'ils n'avaient pas en général la « mauvaise habitude de considérer tout ac- « croissement de salaire comme un moyen « de boire plus et de travailler moins. « Si bien que la misère est, en cas de vieil- « lesse, de maladie ou de disette, tout aussi « grande que si l'on n'avait jamais fait de « loi en leur faveur. » (B. Franklin, *Essais de morale*, pages 125 et 126).

V

La charité privée et la charité officielle

Après avoir constaté que l'assistance est fille de la civilisation, et qu'elle est nécessaire malgré ses dangers d'application inintelligente, il faut examiner ses systèmes divers de mise en œuvre, et apprécier, de chacun de ces systèmes, les avantages et les inconvénients.

La charité peut avoir pour moyen : l'individu, les associations, le gouvernement. L'individu cède à l'impulsion du cœur, prend sur son bien, distribue à la portée de sa main des secours modestes. Les associations provoquent et groupent les dons volontaires ; elles opèrent au loin et sur des ressources majeures. Le gouvernement prend sur l'impôt et les secours qu'il distribue sont le produit de la coërcition et de la crainte. D'où pour le premier quelque reconnaissance, pour les associations beaucoup moins, pour l'Etat aucune.

Qu'est-ce qui est préférable ?

La charité privée résulte de la bienveillance propre et du sentiment humain ; elle part d'une âme et va à une âme, qu'un trait, la gratitude, unit momentanément l'une à l'autre. Comme œuvre de sentiment elle resserre le lien fraternel parmi les hommes ; elle a pour point de départ l'amour du prochain qui se manifeste directement, reconnu et indéniable D'ailleurs la charité est d'autant plus cordiale et affectueuse que le rapport est plus immédiat entre l'assistant et l'assisté, dans une sorte de tête-à-tête attendri, où l'élan du cœur peut atteindre à la dernière amplitude.

Les associations charitables bénéficient des mêmes sentiments, sauf à un degré moindre : le cœur est encore de la partie, mais il ne se livre pas.

L'assistance publique et officielle présente un caractère particulier Ce n'est plus l'œuvre du sentiment et du sacrifice, de privation personnelle volontaire et d'abandon ; c'est une œuvre de science politique et de solidarité sociale, œuvre alimentée en grande partie par l'impôt, impôt qu'on prélève sur d'autres pauvres sans les consulter ; c'est une distribution faite d'autorité du produit de tous au profit de quelques-uns, distribution qui se fait d'une main sévère, ignorant les largesses et l'entraînement. C'est encore de la sympathie si l'on veut ; c'est surtout de la méthode et de la rigueur. Cette assistance est sèche, sinon indifférente ; elle n'a pas de cœur ; elle secourt, mais d'un visage peu gracieux, pour ainsi dire à son corps défendant : à l'amertume de la misère elle ajoute quelque peu l'amertume du dédain.

Voilà les diverses manifestations de l'assistance présentées sous leur aspect le plus apparent. Elles ont, en outre de leur caractère particulier, ce caractère commun d'être toutes utiles, et en certains cas nécessaires.

Il est des besoins intimes de pauvreté honteuse et discrète, craignant le jour, au sein de laquelle seule la charité privée peut s'introduire. Il est des milieux tels que la plupart des agglomérations rurales, pour lesquels l'assistance officielle est seulement marquée dans la loi sans se traduire en institutions d'application. D'autre part, il est des cas graves résultant des guerres, des épidémies, des inondations et autres fléaux qui font d'un coup un grand nombre d'infortunés. En ces cas, le malheur s'élève à un tel niveau que l'aumône n'y peut atteindre et il n'y a que des secours publics pour essayer d'y suffire. Mais si la charité privée est particulièrement indiquée comme secourable aux campagnes, elle est insuffisante dans les villes, où les besoins sont quotidiens, largement sollicités, et doivent être fortement contrôlés, ce qui ne se peut qu'au moyen d'un service administratif.

On voit que, à certains égards, les avantages et les inconvénients sont partagés. Serrons de plus près chacune de ces méthodes, et après avoir délimité leur terrain, voyons quel en est le succès relatif dans le traitement et la cure du mal.

Le mal c'est l'imprévoyance.

La charité n'a de valeur que si elle tend à diminuer l'imprévoyance, non à l'encourager.

La charité chrétienne n'a pas la palme à ce jeu-là, car elle est aveugle et par principe ne s'enquiert pas, visant un acte de vertu et de salut personnel plutôt qu'un acte secourable. Mais elle est aujourd'hui fort mélangée, et d'ailleurs d'où que l'aide vienne il faut la bénir. La charité privée, quand elle opère sur un théâtre restreint où tout le monde se connaît peut être aisément clairvoyante, et comme au village elle est parcimonieuse, ses écarts y sont peu à craindre. Ajoutons que, considérée en général, étant moins assurée, moins exigible comme un droit, elle doit moins concourir à affaiblir l'amour du travail et à favoriser l'imprévoyance Mais, comme elle est capricieuse et irrégulière, elle donne trop ou pas assez, négligeant certains besoins très légitimes, et comblant outre mesure d'autres nécessités, qui peut-être même sont déjà secourues à son insu par d'autres mains, qui collaborent en s'ignorant les unes les autres.

L'assistance publique, sujette à des erreurs, l'est moins que la charité privée, car elle possède plus de moyens d'information. Elle a d'ailleurs des motifs particuliers d'être en garde, car tandis que le donateur privé prélève les dons sur ses ressources personnelles, le distributeur de secours publics les demande à l'impôt, l'impôt odieux levé sur d'autres pauvres. Mais aussi, s'il s'oublie, ses erreurs ont des conséquences plus graves, car elles suscitent des espérances fondées en apparence sur les promesses du gouvernement. On réclamera le secours comme un droit du citoyen, on en discutera la mesure et tous se plaindront. Alors l'irresponsabilité et l'imprévoyance n'auront plus de limites et le salaire honorable sera peu à peu remplacé par l'aumône : il n'y aura plus que des indigents, clientèle affamée des bureaux charitables. En effet, avec la certitude d'un secours la prévoyance est superflue, tout ressort du travail se brise, et l'on y supplée en empiétant de plus en plus sur les produits des travailleurs courageux, à seule fin de faire subventionner des paresseux, des truands et des bohêmes !

La note est ici forcée sans doute, on n'ira pas jusqu'au bout, mais on y aura tendance. Que ceci soit bien établi : la charité légale, si elle ne se contient pas, ne soulage pas le paupérisme, elle le multiplie par la certitude d'une aide étrangère arrivant à heure dite.

Si, d'une part, dans les circonstances majeures, les secours publics ont seuls l'élasticité nécessaire, et seuls la clairvoyance par l'enquête administrative, d'autre part, par la sûreté de l'attente, ils offrent de plus graves inconvénients que la charité privée, moins régulière et moins garantie. On sait ce que la distribution de grains avait fait de la plèbe romaine, et aussi les ravages que la loi des pauvres avait fait dans les budgets de l'Angleterre avant sa réformation de 1834 et avant l'obligation du travail dans les Worckhouses !

En résumé, les secours privés ont le bénéfice de la sympathie et de la vertu. Au contraire, étant forcée, la charité légale n'est plus une vertu mais un impôt ; le cœur ne lui doit rien : bienfait anonyme ne fait pas dette !

La charité qui vient des particuliers est affectueuse et humaine ; celle de l'Etat est sèche et dure : en même temps qu'elle soulage, elle blesse

Mais il n'y a pas que l'administration qui ait le ton sec et la main cruelle : parfois, l'aumône privée est orgueilleuse et fière devant les pauvres. Présents, on les humilie ; absents, on se glorifie de leur nombre, peut-être un peu grossi. La vanité se niche partout ! Il n'y a que la bonté qui sache donner !

Mais, telle ou telle, la charité privée et la charité officielle ont chacune leur raison d'être : à la première, la plus grande part des nécessités rurales ; à la seconde, le domaine urbain et les masses populeuses. Dans les villes, on ne se connaît pas, les besoins abondent, les demandes conséquemment : il y faut un budget respectable, une appréciation bienveillante, mais sévère, des nécessités qui sollicitent, avec enquête souvent, et en outre une organisation comptable pour les attributions de secours, afin de parer aux demandes en récidive qui reviennent incessamment ; on ne peut s'en défendre sans la preuve écrite des dons antérieurs. Certains, à leur dire, n'ont rien reçu encore, ou bien peu de chose, ou depuis longtemps. On ne se figure pas tout ce qu'il se dépense de paroles habiles, souvent mensongères, dans un bureau de bienfaisance pour avoir quelques bons de pain, quelque monnaie, un vêtement chaud. Y tenir tête ne se peut sans beaucoup de résignation et de sang-froid : on fait montre de famille en amenant les enfants d'autrui ; pour vêtement à renouveler, telle se présente avec une loque qu'on avait tout à l'heure rencontrée dans la rue vêtue plus chaudement ! On a beau être en garde, quand les demandes abondent et se résolvent rapidement, il s'en glisse qu'on accueille et qu'il faudrait rejeter.

On ne rit pas dans le sanctuaire, mais hors séance les distributeurs, tout en se méfiant de l'avenir, ne prennent pas au tragique les bons tours qu'on leur a joués. Un ouvrier se présente avec un bandage au bras ; il a été opéré, sa mère est malade et n'a pas d'autre appui ; on lui passe une pièce de cent sous. On sait plus tard qu'il n'y avait rien de vrai et que c'était un bandage de comédie Un autre arrive éploré, bien connu du bureau comme client fidèle ; sa femme vient d'accoucher, il n'y a ni langes pour l'enfant, ni bouillon pour la mère, ni monnaie quelconque à la maison. Il y a urgence ou jamais ! Voilà 15 francs au plus vite ! Quelques jours après, on rencontre la femme : elle n'a pas accouché et n'en a nulle envie !

Tel est le personnel avec lequel on vit dans l'assistance légale.

Après les erreurs de la charité officielle, les erreurs de la charité privée, de l'aumône du petit sou. Beaucoup se souviennent à Avignon d'avoir vu un truand nommé

Gay, pilier vivant de la porte de l'église Saint-Pierre, faisant la manche et y recueillant ses petites rentes de la main d'un chacun, puis mourant il y a une quinzaine d'années en laissant plus de 50,000 francs amassés à ce vilain métier, et légués par lui à un très honorable et très riche habitant d'Avignon, avec lequel on ne lui connaissait d'autre lien que l'identité des opinions et des croyances.

Etaler ces tromperies, ce n'est pas discréditer l'aumône ; c'est la rendre avisée, dédaigneuse des bohèmes et des mendiants de profession.

Le motif le plus allégué par les adultes valides, c'est le manque d'ouvrage, motif touchant quand il est sincère ; il ne l'est pas toujours. M. Monod, directeur de l'assistance au ministère de l'intérieur, l'a constaté en relatant le fait suivant dans un discours solennel (juin 1888) :

« Un philantrope, à Paris, a voulu éclaircir la légitimité des plaintes de la mendicité valide sur le manque d'ouvrage. A cet effet, il s'entendit avec quelques négociants ou industriels bénévoles pour offrir de l'ouvrage pendant trois jours à tout requérant, au prix de 4 francs par jour. En huit mois, l'œuvre philantropique eut à s'occuper de 727 mendiants valides, sans ouvrage, soi-disant. Chacun d'eux, à son jour de rencontre, fut avisé d'aller retirer à une adresse indiquée une lettre de placement qui le ferait entrer pour les trois jours convenus, à 4 francs par jour, dans une boutique ou une usine. Voici quels furent les résultats : 415 n'allèrent pas même prendre la lettre offerte ; 138, après l'avoir prise, ne se présentèrent pas au destinataire indiqué. D'autres travaillèrent une demi-journée, réclamèrent 2 francs et ne revinrent pas. D'autres disparurent après la première journée faite. 18 seulement restèrent au travail jusqu'à la fin de la troisième journée. Ainsi, sur 727 mendiants réclamant de l'ouvrage dans Paris, 18 seulement, soit 1 sur 40, avaient le désir sincère d'en trouver. » (*Économiste Français* du 23 juin 1888.)

Nous avons décrit, par ses profits et ses pertes, la charité privée, et pareillement la charité officielle. A côté d'elles, nous trouvons les associations charitables qui ont un caractère mixte. Elles participent de l'assistance privée par l'initiative libre et le concours individuel, et de l'assistance publique par l'étendue des actes bienfaisants. Aveugles, elles pourraient nuire : les couvents du moyen âge ont enfanté la mendicité et la famine ! Clairvoyantes, elles sont d'un précieux concours. Ne pas confondre avec elles les sociétés de secours mutuels, qui n'ont du secours que le mot, et qui ne sont réellement que des sociétés d'assurance.

Les associations de bienfaisance sont les institutions les plus utiles si elles savent se garder de tout encouragement donné à l'imprévoyance, si elles évitent tout double emploi avec les secours distribués d'ailleurs par l'assistance, si, à cet effet, elles ne s'enferment pas dans un rôle mystique et secret. Il serait de bonne politique d'établir entre les distributeurs des divers ordres des rapports amiables, des renseignements réciproques dans l'intérêt commun, pour le profit et le relèvement moral de la clientèle.

La charité privée s'enveloppe de discrétion, l'ostentation la déprécierait. Mais il n'en est pas de même lorsqu'on distribue les libéralités d'autrui. Dans ce cas-ci, deux bons services d'assistance devraient travailler en commun.

Au cas contraire, elle justifiera la critique qu'en a faite Benjamin Franklin : « Les « pauvres des pays protestants, dit-il, sont « généralement plus industrieux que ceux « des pays papistes. Cela ne tiendrait-il « pas à ce que, chez les catholiques, un « plus grand nombre de fondations chari- « tables rendrait le pauvre moins pré- « voyant ? Soulager la misère de nos frères, « c'est chose divine. Mais si nous donnons « un encouragement à la paresse, ne com- « battons-nous pas contre l'ordre de Dieu « et de la nature, qui peut-être a établi le « besoin et la misère, comme la punition, « le préservatif et aussi la conséquence né- « cessaire de l'oisiveté et du désordre ». (*Mémoires*, p. 367.)

En tout débat, il faut conclure. Nous concluons avec l'éminent économiste John Stuart Mill, dont Avignon possède la tombe vénérée et qui fut dix-neuf ans notre concitoyen : « On doit désirer grandement, dit-il, « que l'assistance soit donnée aux pauvres « par la loi, plutôt que de s'en remettre à « la charité privée. La charité privée fait

« presque toujours trop ou trop peu ; elle « prodigue les bienfaits dans une localité, « et laisse les pauvres mourir de faim dans « une autre... Si les pauvres sont aban- « donnés à la charité privée, on ne peut « empêcher la mendicité de prendre un « énorme développement ». (*Principes d'économie politique*, II, p. 154.)

VI

Les antécédents et les conséquents de la misère

Pauvres sont ceux qui ont peu, indigents ceux qui n'ont rien. La misère, c'est le dénûment à l'état chronique. Paupérisme s'entend de la misère qui pèse sur des groupes importants et se perpétue par héritage. Il existera toujours une pauvreté relative, car il existera toujours des travailleurs plus prévoyants que la sobriété et l'épargne mèneront à la fortune. Mais il n'y aurait plus d'indigents dans une civilisation suffisamment éclairée et vertueuse. Aujourd'hui ce n'est qu'un rêve et il nous faut étudier la réalité, d'où elle vient, où elle nous mène.

Le mécanisme social a pour grand ingénieur le cerveau humain, opérant sur l'homme et sur son milieu, observant, expérimentant, groupant les faits du même ordre pour en constituer une science. Ainsi sont nées et se sont développées les associations humaines. La science sociale est vaste et compliquée ; nul constructeur isolé n'y aurait pu suffire : il y a fallu le concours intelligent de tous les intéressés et de tous les siècles, observant, rectifiant sans cesse. Bien fous sont les novateurs qui veulent renverser cet édifice, pour le reconstruire sur un plan issu de leur fantaisie !

Le principe indiqué par l'expérience comme le plus fécond pour la multiplication des hommee, pour l'amplification des subsistances et leur expansion par l'échange, c'est la liberté du travail, avec la responsabilité personnelle, la sécurité des producteurs et l'appropriation des produits divers.

Ce régime autonome et personnel, en accroissant les existences, a accru les responsabilités, chacun ayant à choisir et à faire valoir sa fonction. D'où des cas de mécompte par ignorance ou faux calcul, des chômages individuels et des crises générales. La liberté du travail ne montrera ses merveilles que le jour où elle s'affranchira de l'empirisme et saura toujours pressentir les effets dans les causes. C'est dans la méconnaissance des lois qui font la hausse et la baisse des salaires qu'il faut chercher le facteur le plus terrible de la misère. Au lieu de s'informer de l'état du marché, de ses approvisionnements, de ses besoins, pour fuir les ateliers où surabondent les excédents et se rejeter dans ceux où le manque se fait sentir, on s'immobilise dans la résignation et l'inertie.

Convenons que ce n'est pas exclusivement la faute des travailleurs ; c'est notre faute à tous, la faute de notre éducation, empirique en toutes choses. Nous apprécions par sentiment, sans étudier le côté réel des phénomenes, sans nous en rendre compte scientifiquement, procédant comme le font les sauvages.

En bien des cas, à la vérité, il serait malaisé de faire autrement : la science de la vie, l'économie politique sont d'hier, la morale scientifique à peine entrevue est de demain et attend son évangéliste. De même les moyens d'investigations pour les ateliers du travail sont à créer et à répandre. On n'aboutira à rien de satisfaisant ni dans la vie morale, ni dans l'hygiène individuelle, ni dans la répartition du travail et la lutte contre la misère, tant que notre éducation n'aura pas pour catéchisme unique la recherche des effets dans les causes, l'étude des causes et de leur répercussion dans les faits.

En attendant la terre promise descendons de ces hauteurs, et avisons à ce qu'il y a de mieux à dire et à faire dans la situation présente.

En l'état, beaucoup sont misérables qui sont dignes de toute sympathie et bien innocents de la misère qui les atteint. En outre de l'ignorance générale sur les lois de la distribution du travail, il y a les accidents atmosphériques, politiques, économiques, les guerres, les disettes, même les inventions qui bouleversent les outillages industriels et déroutent les travailleurs ; il y a les maladies, les erreurs innocentes, les fraudes dont on est victime ; il y a les fautes des gouvernements dont les dépenses folles absorbent et détruisent le capital, pain quotidien de l'industrie. Autant d'obstacles à l'esprit de prévoyance, à l'épargne, aux réserves de l'avenir. Ajoutons pour mémoire les vices de plusieurs qui sont lents au travail, ardents à la dépense.

Dans ces tristes conjonctures, la civilisation vient en aide à ses invalides, d'abord par la charité privée, insuffisante et irrégulière, puis par l'assistance officielle et organisée. Mais il faut bien comprendre que cette assistance n'est pas obligatoire. Si elle était obligatoire, elle transformerait en loi d'ordre positif une loi qui n'est que d'ordre moral, et elle rendrait imprévoyant. Théoriquement, la société ne doit à ses membres que la sécurité et la liberté du travail, et nullement des moyens de subsistance. Mais son intérêt, non moins que le progrès social lui imposent cette loi de secourir ceux qui succombent sans qu'il y ait de leur faute, ceux surtout qu'à disgraciés la nature, les aveugles, les manchots, et autres infirmes involontairas que la charité n'aura pas l'inconvénient de multiplier !

Si le droit à l'assistance était absolu, il rendrait la prévoyance inutile, et il mènerait au communisme, destructeur de la responsabilité personnelle et de la vertu.

Mais non seulement la société ne le *doit* pas, elle ne *peut* pas, sans se ruiner, entreprendre de guérir toutes les misères sociales. C'est une cure qui ne relève que de l'effort des travailleurs eux-mêmes et du concours personnel. Le dette, même morale, de la

Société ne va pas au-delà d'un concours momentané et accidentel, après lequel chacun doit se suffire. L'Angleterre, pour être allée plus loin avec sa loi des pauvres a failli y sombrer.

L'aide doit être non seulement passagère en vue du seul relèvement de l'individu, mais parcimonieuse, et ne pas faire le sort pire à ceux qui travaillent, meilleur à ceux qui ne travaillent pas.

Evidemment, les secours, s'ils étaient excessifs et continus, seraient pris sur le capital, et celui-ci irait fondant chaque jour jusqu'à destruction complète, car les réclamants sourdraient de toute part, progressant en nombre : hier 100, aujourd'hui 500, demain 1,000. Nul budget ne tiendrait contre l'invasion.

Parmi les pauvres ceux qui ont du cœur soutiennent la lutte sans rien demander à personne, car dans toute civilisation avancée le secours charitable avilit l'impétrant, mais les fainéants n'y regardent pas de si près, et ce sont eux qui affluent aux portes des bureaux de bienfaisance. Les autres, au contraire, ont les entiment de l'honneur qui les sauvegarde, et à l'assistance ils préfèrent souvent la souffrance, quelquefois la mort.

Hors les cas exceptionnels et d'accident, la charité légale n'est sympathique, ni chez qui la reçoit, ni souvent chez qui la fait, le premier étant insatiable, le second facilement indifférent, tout au moins comme agent du contribuable. L'assistance légale n'est plus fille du ciel, elle quitte les régions élevées pour confiner au Code pénal ; ce n'est plus la voix du cœur, c'est la voix du gendarme ! Prenant à qui produit pour donner à qui ne produit pas, elle est une exception à la loi d'appropriation par la liberté. Alors elle fait œuvre socialiste, mais d'un socialisme admis de tout et qui ne sera pas contesté, car l'indigence doit disparaître et le triomphe de la civilisation sera de l'éliminer complètement.

Autre est la théorie de l'église, selon laquelle la pauvreté est d'ordre divin pour durer à tout jamais. S'il faut la combattre, c'est en vue de Dieu, non en vue de ceux qui sont dans la douleur. Nous n'avons, nous, en vue qu'une fin terrestre et désintéressée. Travailler pour le paradis à soi personnel, ce n'est pas, il nous semble, travailler pour l'amour d'autrui ! Toutefois, si ce détour peut encore faire du bien, louons-le, car il ne peut faire de mal.

Etablir ainsi, avec une insistance peut-être fastidieuse, le vrai caractère des devoirs et des droits en matière de charité, n'était pas, croyons-nous, hors de propos en ce temps de prédications folles et de charlatanisme électoral.

Avant de pousser plus loin notre examen de la misère, il est convenable d'appeler l'attention sur une erreur considérable, commise par plusieurs de ceux qui distribuent les secours, et par l'universalité de ceux qui les sollicitent.

Donateur n'est pas créateur. Le travailleur qui produit une poignée de blé est supérieur à l'homme qui en distribue gratis un hectolitre. Le premier a augmenté la fortune existante ; le second en a voué une partie à la destruction, peut-être inféconde. L'aumône ne met rien au tas, elle le diminue. Qui donne aux pauvres s'appauvrit, peut-être glorieusement, c'est selon le cas : en toute hypothèse, l'homme bienfaisant n'a absolument rien produit ; il a fait le vide, voilà tout, peut-être des ingrats ! Acte de charité n'est pas toujours acte d'héroïsme, surtout quand on donne aux pauvres par testament, aux dépens de ses héritiers ! Celui qui a donné un morceau de pain à un pauvre ne s'est pas ôté le morceau de la bouche ! Il faut louer, mais ne pas exagérer.

Ce qui saute aux yeux surtout, c'est le caractère négatif de la charité. Ce qu'elle donne était là avant qu'elle y touche, destiné à un certain emploi, peut-être à un emploi reproductif de richesse. Dans le premier cas, elle n'a fait qu'un acte de déplacement ; dans le second, un autre placement plus ou moins raisonné. Dans tous les cas, le capital n'est pas inépuisable, et le profond égarement des multitudes besogneuses est de se figurer qu'on pourrait lui emprunter sans mesure, n'était la résistance des mauvais cœurs ! Même alors le mauvais cœur ne serait pas tout, car il n'y a pas qu'à se baisser pour en prendre, comme dans les *placers* aurifères. Le sol est ingrat et le minerai laborieux. On a dit dans un autre milieu que les greniers de la miséricorde divine sont toujours pleins. Ces greniers sont une métaphore et la métaphore n'engraisserait pas un oiseau ! Les bonnes gens prient Dieu et lui demandent beaucoup, car elles tiennent ses grâces pour illimitées, et ensuite elles inclinent par analogie à croire qu'il en est de même ici-bas. Elles se trompent. La matière est limitée, et l'on ne peut en détacher un fragment pour le donner à ceux-ci, sans l'avoir au préalable enlevé à ceux-là. Toute administration charitable n'est, en définitive, qu'administration de transport.

Nous avons vu que la misère a pour antécédents, pour point de départ notre faiblesse native, l'ignorance des lois économiques du travail, la défaillance morale et l'imprévoyance. Elle se perpétue par l'incompétence des secours publics et privés pour la combattre en dehors du concours actif des intéressés, et elle se résout en des tableaux dont chacun a eu le navrant spectacle.

Comme conséquence, la misère aboutit à ces régions désolées de l'assistance, où sont des côtés riants et des côtés sombres : riants quand elle guérit, sombres quand elle n'a pas pour effet de relever les courages.

Efficaces ou inefficaces, les moyens de secourir les malheureux ont abondé depuis l'ère chrétienne, sous des vocables divers, tels que : hôpitaux pour des maux particuliers, comme la lèpre, ou pour des catégories de personnes comme les pèlerins, avec des patrons de l'ordre religieux, seuls protecteurs possibles contre les troubles et les pilleries du vieux temps, Saint-Lazare, Saint-Roch, Saint-Antoine, pour les lépreux, les pestiférés, les ardents. Les couvents furent aussi de grands distributeurs d'aumônes, nous avons vu avec quel genre de succès !

Mais à part l'aumône, il y avait à l'occasion le fouet, la marque, la potence et les galères du roi pour les mendiants, même encore sous Louis XIV et Louis XV, ce qui ne les empêchait pas de pulluler.

En comparaison des soins minutieux que nous donnons aux services hospitaliers, ces services dans le passé étaient lamentables. Avec les malades, la chose dont on se préoccupait le moins était de les guérir. A Bicêtre, on traitait les vénériens, mais on les fustigeait avant le traitement comme exemple, et encore après le traitement comme souvenir. A l'Hôtel-Dieu de Paris, les malades ont couché jusqu'à huit dans un lit, savoir, à tour de rôle, quatre dedans et quatre dehors, pour six heures chacun, alternativement Ce fut Louis XVI qui fit donner à chaque malade son lit particulier.

C'est de la Révolution que date l'assistance organisée et vraiment humaine des malheureux. La loi du 24 frimaire an II inscrivit même le *droit* à l'assistance ! C'était excessif, à en juger par le résultat de ce régime en Angleterre, surtout comme prime à l'imprévoyance. Le droit absolu fut écarté implicitement par la loi du 7 frimaire an V, puis par le Code pénal de 1810 qui punit la mendicité, en cela conséquent avec le décret du 5 janvier 1808 qui édictait la création des dépôts da mendicité dans le pays.

Aujourd'hui, longue est la nomenclature des institutions d'assistance. A côté de la charité privée, plus ingénieuse et plus sympathique, dont le concours est étendu et apprécié, se voit l'assistance officielle qui fait contribuer l'impôt, tout en ayant d'ailleurs des ressources importantes qui ont une origine privée et volontaire, comme ce qui est dons et legs du passé, représenté par revenus d'immeubles, rentes d'Etat, quêtes, troncs, etc.

L'œuvre de la charité publique embrasse

de nombreuses institutions : pour les malades, les hôpitaux, les dispensaires, les soins médicaux gratuits ; pour les vieillards caducs, infirmes, incurables, les aveugles, les sourds-muets des hospices divers, où se trouvent aussi les enfants assistés ; pour les aliénés, de grands établissements spéciaux ; pour les enfants pauvres, des sociétés de charité maternelle visant les accouchées, les nourrices ; des crèches pour l'enfance au berceau ; des commissions officielles pour la première enfance allaitée au loin ; des écoles maternelles accueillant le bambinat, des orphelinats les enfants isolés, des colonies agricoles les enfants à corriger ; des ouvroirs les jeunes filles en apprentisaage ; des bureaux de bienfaisance les malheureux de toute espèce. Enfin, on vote en ce moment une loi en faveur de l'enfance moralement abandonnée. Ajoutons les monts-de-piété dont l'idée mère fut la bienfaisance, et, comme couronnement peu attrayant de cette nomenclature, les dépôts de mendicité.

De ces diverses applications de l'assistance, celles qui concerne la séquestration des aliénés et les enfants assistés sont légament obligatoires et d'ordre public Les autres sont facultatives et discutables pour plus ou pour moins.

Pour l'entretien de ces œuvres, on fait contribuer l'Etat, les départements, les communes, mais la charité privée, soit laïque, soit religieuse, y a une grande part M. de Watteville (1854) a estimé à un milliard la contribution de l'assistance pendant la première moitié du siècle, et il est resté probablement beaucoup au-dessous de la vérité.

Il n'entre pas dans le plan de cet écrit de rechercher de tels détails, tout intéressants qu'ils soient. Nous avons eu spécialement en vue des considérations économiques relatives à l'assistance, à ses motifs, à ses modes d'emploi, à ses conséquences : faire davantage n'est pas à notre portée.

Nous pouvons seulement, comme exemple et comme application de ces données théoriques, exposer les ressourses et le fonctionnement des œuvres charitables dans le département de Vaucluse et particulièrement à Avignon, d'après les renseignements que les chefs des services nous ont donnés obligeamment.

C'est le sujet de la seconde partie de cet opuscule, établi sur les données de l'année 1887, seules arrêtées au moment où le travail a été fait.

SECONDE PARTIE

L'ASSISTANCE

dans Vaucluse

(EN 1887)

I

Hôpitaux et Hospices

Le département de Vaucluse compte 150 communes, 57 desquelles possèdent des services hospitaliers. Celles qui en sont dépourvues versent leurs malades dans un hôpital voisin à elles affecté et à leurs frais, généralement au chef-lieu de canton. Le département alloue à ces communes, en vertu de la loi du 7 août 1851, une subvention qui, dans Vaucluse, est de 700 francs.

Avignon possède l'Hôtel-Dieu ou hôpital Sainte-Marthe, consacré aux malades, l'hospice Saint-Louis pour les vieillards et les infirmes, l'hospice Isnard qui est une fondation spéciale due à un riche bienfaiteur au bénéfice des vieillards indigents sortis des ateliers de la soie ou de la garance.

C'est encore dans la commune d'Avignon que se trouve l'important asile d'aliénés de Montdevergues.

Les revenus hospitaliers ordinaires des 57 communes de Vaucluse ci-dessus se sont élevés en 1887 à 574,210 francs (Avignon y compris pour 153,634 francs), savoir : provenant de dons et legs, 534,470 francs (dont Avignon 123,634 francs), et de subventions communales pour 39,740 francs (dont Avignon 30 000 francs).

D'où il suit que l'impôt figure seulement pour 39,740 francs sur le total des revenus hospitaliers, et la charité constitutive de dons et legs pour la somme comparativement importante de 534,370 francs qui ont une origine privée et sont appliqués sous le couvert de l'assistance officielle. Les revenus desdits legs, qui ont, pour une partie, une origine séculaire ou plusieurs fois séculaire, sont constitués en rentes d'Etat, rentes sur particuliers, produits d'immeubles.

A Avignon, pour l'hôpital Sainte-Marthe et l'hospice Saint-Louis le budget est commun. Il s'est élevé en 1887 à 153,634 francs pour les recettes ordinaires du service civil. Il s'élèverait plus haut en y comprenant l'extraordinaire, le supplémentaire, et particulièrement les journées militaires occasionnées par le service médical d'une garnison de 3.000 hommes, ce qui consitue une recette étrangère à la question d'assistance.

L'hôpital Sainte-Marthe date de 1353 ; sa partie orientale conserve à l'intérieur des constructions qui remontent à l'origine. Elle est elle même surmontée d'un campanile plus ancien terminé en dôme, avec quatre baies latérales de forme romane du IXe et Xe siècle. L'extérieur est remanié et le tout amplifié. La belle façade actuelle, qui a 142 mètres de longueur, n'a été terminée qu'en 1747.

On compte à Sainte-Marthe 271 lits pour malades civils, 131 pour militaires et 18 d'incurables. Il y a 3 médecins en chef et 3 chirurgiens en chef, alternant les uns et les autres pour un service de quatre mois chacun, plus 3 élèves internes dont un pour militaires. Dix-neuf religieuses surveillent les salles. aidant au pansement des femmes. Il y a 22 servantes et 23 servants

L'hôpital Sainte-Marthe a soigné en 1887 1,156 malades. Le prix de la journée a été de 1 fr. 859m/m, le séjour moyen de 26 jours, et le coût moyen d'une maladie de 52 fr. 52.

Sainte-Marthe a un cours d'accouchement et une maternité à laquelle le département alloue 1,000 francs.

Saint-Louis était jadis le noviciat des jésuites avant la supression de l'ordre en 1768. Il fut plus tard la succursale de l'Hôtel des Invalides de Paris, supprimée en 1852. C'est à cette date que le bâtiment a été consacré aux vieillards indigents ; nous verrons plus loin l'historique de leurs déplacements divers.

L'hospice Saint-Louis a eu, en 1887, 283 pensionnaires, dont 158 hommes et 125 femmes. Il y est décédé dans l'année 28 hommes et 23 femmes. Plusieurs fournées de réceptions ont lieu dans l'année : on a admis en 1887, 18 hommes et 43 femmes. Douze religieuses tiennent la lingerie et la cuisine. Le service est fait par 28 servants et 5 servantes, pris parmi les pensionnaires. On leur accorde deux ou trois sorties par semaine. L'établissement est visité par un médecin attitré. Le coût de la journée à Saint-Louis a été de 0 fr. 872.

Saint-Louis compte (1889) 22 aveugles dont 10 hommes et 12 femmes. Signalons incidemment qu'on en compte dans Vaucluse environ 300, pour les 150 communes.

La construction de l'hôpital Isnard fut commencée en 1850, et l'inauguration eut lieu le 1er janvier 1853. L'hôtel a coûté 225,000 francs ; le terrain valait 90,000 fr. ; il y a eu l'ameublement et l'installation, et enfin un reliquat pour un revenu d'environ 42,000 francs. Le total du legs équivaut à un million 200,000 francs.

L'hospice Isnard a eu en 1887 100 pensionnaires, dont 45 hommes et 55 femmes. Les réceptions ont lieu en proportion des vacances ; il y en a plusieurs séries dans l'année. On a compté en 1887 17 décès, dont 7 d'homme et 10 de femme. 8 religieuses soignent la lingerie et la cuisine. Il y a 6 servants et 4 servantes. Le prix de la journée a été de 1 fr. 313. Un médecin attitré visite l'établissement.

Chaque réception fait le choix des plus

besogneux, et laisse généralement en expectative pour la suivante 50 à 60 postulants pour Saint-Louis, 40 à 50 pour Isnard.

Les trois établissements de Sainte-Marthe, Saint-Louis et Isnard relèvent de la même administration hospitalière.

Un nouvel hospice de vieillards indigents, dû à l'initiative privée, et que doivent alimenter les quêtes journalières, est en train de se fonder, rue des Etudes, au moment même où s'écrivent ces lignes. Le local à présent désigné est susceptible d'héberger environ 50 pensionnaires, recueillis, dirigés et soignés par les Sœurs des pauvres. La fondation réussissant, il est clair qu'elle sera de quelque soulagement pour l'assistance officielle.

Dans les siècles passés, en outre de Ste-Marthe, qui est de 1353, Avignon possédait des œuvres analogues qu'on appelait des *Aumônes*, dont plusieurs étaient antérieures à la date ci-dessus C'était des confréries de corps de métier ou de quartier : elles se fondirent peu à peu dans l'*Aumône générale*, institution publique de charité, que nous signalerons ci-après, selon son importance. Il y avait en outre plusieurs hôpitaux. Tout cela fut successivement liquidé et versé dans l'hôpital général de Sainte-Marthe.

On a mis à l'étude, sous l'inspiration du ministère Floquet, le projet de substituer les secours à domicile à l'internement des vieillards dans les hospices. Le secouru resterait dans sa famille, avec plus d'affection réelle autour de sa personne, et une dépense moindre pour le budget de l'assistance. La somme allouée à l'ayant-droit serait de 120 francs l'an, dont 72 francs à la charge du département et 48 francs à la charge de la commune de l'impétrant, avec engagement du Conseil municipal. Le projet est séduisant dans la théorie, et il serait beau dans la pratique si l'on pouvait en écarter les dangers Les dangers sont : l'emploi des fonds à d'autrec usages dans la famille, la partialité qu'il y aurait à craindre dans les admissions de la part des conseillers dont l'élection a été une œuvre politique, et enfin le trop grand nombre de demandes dont le flot submergerait l'institution, car il y aurait avantage manifeste à faire partie des secourus. L'inconvénient existerait surtout dans les villes. Dans les campagnes, on se heurterait à un obstacle au seuil même de cette combinaison : c'est que, dans les villages, les conseillers ne consentiraient pas aisément à servir une pension volontaire à un quelconque des habitants. Le projet est probablement tombé avec le ministre qui l'a conçu, et l'on n'en parle ici que pour l'application que l'on pourrait faire à d'autres cas des réflexions que nous inspire cette idée mort-née.

Une autre conception qui n'est pas encore formulée administrativement, mais qui apparaît comme un ferme desideratum philanthropique, serait de secourir les malades à domicile, et non plus en groupe hospitalisé. L'esprit de famille y gagnerait, ainsi que les satisfactions de l'âme qui ne sont pas sans influence sur la guérison. Mais il y a à examiner, surtout pour les grandes agglomérations urbaines, les difficultés d'un service médical éparpillé et coûteux, le manque du concours des élèves internes qui, aujourd'hui, sont toujours présents pour le service, et de garde-malades ayant la pratique du métier. Ajoutons : très souvent l'insuffisance des habitations, du linge, des ustensiles, enfin le gaspillage des médicaments et aussi des fonds confiés en vue du seul malade, et dont la famille pourrait mésuser.

Une organisation plus urgente est celle de l'assistance médicale dans les campagnes. La commune est souvent à une grande distance de tout secours médical et pharmaceutique ; on fait venir le médecin *une fois* pour un cas de maladie, ceux qui en ont les moyens, et le reste est à la garde de Dieu. Une loi récente autorise les communes à s'unir pour organiser, au profit même des plus petites, un service médical d'intérêt public et à frais communs. La loi est un peu compliquée : il faudra la voir fonctionner avant de la juger. L'écueil serait de créer un mécanisme coûteux, dont le bénéfice le plus clair serait pour des fonctionnaires M. de Bismarck, avec sa loi de garantie contre les accidents, a atteint ce résultat que la somme des frais d'administration et de distribution est supérieure à la somme attribuée aux victimes !

D'après la dernière édition de la *Statistique de la Bienfaisance*, de M. Maurice Block, en 1868 le service des médecins cantonaux fonctionnait dans 51 départements ;

il coûtait 1,437,277 francs, le prix moyen du traitement ayant été de 5 fr. 19 cent. par malade.

Dans le département de Vaucluse, la médecine gratuite est organisée en un grand nombre de communes, avec contribution soit des budgets municipaux, soit des bureaux de bienfaisance et des hospices.

En 1887, il y a été donné :

Par les Conseils municipaux....	11.839 f.	»
Par les bureaux de bienfaisance et les hospices..........	9.672	75
Il restait de l'exercice précédent	3 058	09.
Total des ressources de l'exercice	24.569 f.	84

Il a été dépensé dans l'année :

Traitement ou indemnité aux médecins..........................	7.560 f	»
Achat de médicaments...........	7.321	»
Dépenses diverses, accouchements, secours d'argent.......	5.328	10
Total des dépenses.......	20 209 f.	10
Excédant à reporter à l'exercice 1888.......	4.350	74

Cinquante-huit médecins, désignés pour ce service, ont soigné 1,479 individus sur 5,381 inscrits pour le cas de besoin.

A Avignon, on a organisé un service médical de nuit par quartiers. Un agent municipal va quérir le médecin de la circonscription du malade. La visite est taxée à 10 francs que le malade aurait à rembourser à la commune ; mais la taxe est stipulée sans doute pour éviter les abus, car en fait le remboursement n'a jamais lieu ou presque jamais. La somme de prévision au budget est de 1,200 francs.

Il y a, à Avignon, un asile de nuit pour les voyageurs pauvres, qui y trouvent paillasse, couvertures et bon feu. Ils sont comme cela 15 à 20 pauvres hères hébergés tous les soirs en hiver. En été, on préfère loger à la belle étoile.

II

Histoire de la charité à Avignon

On appela *aumônes*, à Avignon, des confréries de métiers ou de quartiers qui apparaissent dès le XIIIe et même le XIIe siècle. Elles fondaient parfois des hôpitaux, qui, en 1450, étaient au nombre de quatorze. De 1451 à 1459, ils furent réduits à cinq par le cardinal de Foix, légat du pape, le principal desquels était celui de Sainte-Marthe, fondé en 1353 par Bernard de Rascas.

L'*aumône générale*, la plus importante, devint en 1557 une institution publique ayant la charge officielle des malheureux. Les locaux occupés par elle en dernier lieu rue des Lices furent acquis de 1610 à 1748. Un riche bienfaiteur, M. Royre, lui légua, en 1727, un héritage dont la liquidation laissa à l'œuvre une somme nette de 147,000 francs. D'autre part, le pape lui allouait une subvention sur la ferme des tabacs. Pendant l'occupation française, en 1769, des édits du roi lui adjoinirent diverses *aumômônes* et confréries supprimées, et son état financier était satisfaisant quand vint la révolution de 1790.

La loi du 16 vendémiaire an V réunit Sainte Marthe et l'*Aumône* sous une même administration. Les vieillards restèrent à l'*Aumône* jusqu'en 1845, d'où ils passèrent à l'hôpital Sainte-Marthe, et de là à Saint-Louis en 1852 (14 décembre).

Encore quelques mots sur l'*Aumône générale.*

D'après le dénombrement de 1749, le personnel comprenait :

Officiers et domestiques p. les hommes	9
Hommes dans les salles.	87
Garçons.	84
Enfants à la mamelle ou à la robe et femmes qui les soignent.	41
Femmes dans les salles	130
Filles dans les salles.	71
Total dans la maison. .	422
Enfants chez les nourrices hors la maison.	103
Apprentis : garçons, 31 ; filles, 17 . .	48
Filles de service	17
Total	590

De 1758 à 1763, la population de l'Aumône fut de cinq à six cents, non compris 150 enfants ou apprentis au dehors. En 1785, le chiffre descendit à 450 et à 350 l'an III de la République.

De 1649 à 1763, nous voyons que la nourriture des pauvres y était, par jour, de une livre et demie de pain blanc, une chopine de vin, un potage, de la viande quatre jours de la semaine, et les autres jours fromage, légumes et fruits. Le prix moyen d'une journée d'indigent ne dépassait pas cinq sous.

Comme de nos jours au bureau de bienfaisance, des visites étaient faites chez les pauvres pour contrôler et taxer leurs besoins, avec des billets pour aller toucher les secours au lieu désigné.

En 1372, le pape Grégoire XI avait ouvert un hospice aux orphelins qui en furent délogés par des moines en 1471. La ville s'en déchargea sur l'Aumône générale en 1602.

Il y avait aussi une œuvre des orphelines qui en comptait 134 en 1761, 63 en 1789, 57 en 1793 et 16 en 1797, date à laquelle elles furent versées à l'*Aumône générale*.

III

Les dépôts de mendicité

Qui a faim demande, c'est le cri de la nature : mais l'un demande des produits à son propre travail, tandis que certains les attendent du travail des autres. Nombreuses sont les catégories de mendiants ! Il n'est question ici que de ceux qui sont déguenillés, porteurs de vermine et non de ceux qui portent des bijoux, de ceux qui s'étalent dans les rues et non de ceux qui hantent les antichambres des grands. Les uns sont méprisés, les autres considérés. Le sentiment inverse serait souvent de bonne justice !

Examinons le cas de ceux dont le domicile est sis en plein air. Voici un de ces pauvres hères ! Est ce un honnête homme ? Puisse la main charitable s'ouvrir à son aspect ! Ou bien est-ce un paresseux acoquiné au vagabondage, picorant abusivement sur les aumônes destinées aux pauvres intéressants ? On n'en sait rien. Dans le doute on y va de son petit sou, faisant parfois une mauvaise œuvre : il est toujours mal de subventionner la fainéantise éhontée pour si peu que ce soit.

On n'a pas précisément rempli son devoir d'homme bienfaisant quand on a mis un peu de monnaie dans la sébile de la mendicité : on n'est bienfaisant qu'à la condition d'être clairvoyant et de ne pas entretenir un métier honteux. Il n'y a aucun doute sur le bien fondé de la demande lorsqu'il est attesté par infirmité patente ou âge caduc. Mais la mendicité valide est justement flétrie par la loi. En effet, le Code pénal de 1810 la punit, et il le pouvait très bien après le décret du 5 janvier 1808 qui avait édicté les dépôts.

Le décret relatif aux dépôts de mendicité ne fut pas suivi d'une exécution générale. Là où il n'est pas formellement exécuté on doit être tolérant. On l'est même dans les départements pourvus du dépôt régulier, car la petite mendicité à demi clandestine va son train et on ferme les yeux. Mais si le mal s'étend la police fait une razzia, ce qui a pour effet de décourager soudain les tenants d'une profession condamnée.

Le département de Vaucluse s'est mis en règle depuis 1879 en traitant pour ses mendiants frappés d'un jugement avec le dépôt établi à Albigny (Rhône), où dix places lui sont réservées, au prix de journée de un franc. Le Conseil général vote annuellement une somme à ce destinée : elle a été successivement de 2,000 francs, 1,500 francs et 1,000 francs dont une partie seulement est employée. L'exercice de 1887 n'a dépensé que 101 francs.

Ce n'est vraiment pas trop cher pour être affranchi des sollicitations, surtout de l'incertitude où l'on est de savoir s'il faut ouvrir la main ou s'il faut la fermer, particulièrement dans les villes. L'inconvénient est moindre à la campagne où les individus sont connus. La charité privée y est parcimonieuse et ne donne qu'à bon escient. Mais elle y est très nécessaire à cause du peu d'importance et du peu d'organisation des secours publics.

Dans les dépôts, aux termes des règlements, les mendiants doivent être astreints au travail. Une partie du produit leur est laissée ; l'autre reste à l'établissement comme indemnité partielle des frais.

IV

Asile de Montdevergues

Hospice d'aliénés

En 1481, les aliénés furent enfermés dans la tour de l'Officialité (*Luxembourg*), où étaient les audiences et les prisons du Saint-Office. En 1726, on les transféra dans les bâtiments des Pénitents de la Miséricorde, puis en septembre 1862 dans le splendide établissement de Montdevergues, à quatre kilomètres d'Avignon, adossé à une colline dite le *Mont-Lavenic* Là était jadis une congrégation religieuse qui vint s'établir *intra muros*, rue Sainte-Catherine, en laissant au local abandonné le nom de *Mons Virginum*, et par altération *Montdevergues*.

Cet asile est devenu très important.

Le personnel administratif se compose de 15 personnes, sous les ordres d'un directeur et de deux médecins en chef Il y a 4 élèves internes. On y compte 41 religieuses, 95 préposés et servants et 31 servantes.

Population de l'asile au 31 décembre 1887 :

Aliénés indigents................	1.113
— pensionnaires..........	190
Total................	1 303

L'asile de Montdevergues reçoit les aliénés de divers départements, savoir : Vaucluse, Gard, Drôme, Hautes et Basses-Alpes, Var, Seine.

Sur 794 hommes, il y a eu dans l'année 52 sorties pour guérison ou amélioration et 62 décès.

Sur 724 femmes, 41 sorties pour guérison ou amélioration et 60 décès.

Les recettes ordinaires de 1887 ont été de 765.729 fr. 49. Le département de Vaucluse paie un abonnement de 85,000 francs à l'année. Les autres départements ont des journées de 1 franc à 1 fr. 25.

Le prix de revient de la journée pour les aliénés indigents est de 98 centimes.

V

Les Enfants assistés

On dit *assistés* par euphémisme. Jadis un concile de notre pays (Vaison, en 442) avait mis les bâtards sous la protection de l'Eglise.

L'hospice dépositaire est, à Avignon, à Saint-Louis.

Dans l'exercice 1887, les élèves au-dessous de 13 ans étaient au nombre de 332, savoir : 191 garçons et 141 filles ; Pupilles de 13 à 21 ans, 181, savoir : 87 garçons et 94 filles ; secourus temporairement, 345, savoir, 194 garçons et 151 filles.

La dépense a été de 75,694 fr. 42 pour l'année 1887.

Le nombre des intéressés et la dépense baisseront le jour où la recherche de la paternité sera autorisée par la loi.

Reste à fixer le sort des enfants qui ont des parents indignes et sont moralement abandonnés. La loi nouvelle, qui attend son dernier vote au Sénat, substitue une autorité tutélaire aux droits paternels, annulés dans ce triste cas.

VI

Protection des Enfants du premier âge

Bien que ce service ait un rapport moins direct avec l'assistance, nous le signalons ici à cause des secours publics qui lui sont alloués pour soins, surveillance et encouragements. Le département de Vaucluse est un de ceux où la loi Roussel sst appliquée avec le plus de sollicitude. Voici les résultats de 1888 qui viennent d'être publiés :

La Protection a soigné, en 1888, 1,769 nourrissons de 1 jour à 2 ans, desquels 119 sont décédés, soit une proportion de 6.73 0[0.

La mortalité moyenne des cinq dernières années est de 8.126 0[0. Elle est moindre chez nos nourrices surveillées que dans le libre allaitement de famille.

Sur l'allocation de 20,000 francs accordée par le Conseil général, il a été dépensé, en 1888, 15,673 fr. 88.

VII

Les Orphelinats

Les orphelinats n'accueillent pas exclusivement les orphelins proprement dits, mais aussi des enfants de position analogue. Ce sont des établissements privés fondés en vue d'une pensée humanitaire, et parfois en vue d'une idée de lucre ; car les élèves de la charité travaillent et leur travail profite : d'où des abus possibles, comme l'ont prouvé maintes affaires judiciaires. Mais s'il y a de mauvais orphelinats, il y en a de bons. Ils relèvent d'une autorisation spéciale et d'une surveillance officielle qui peut sans cesse intervenir.

La création des orphelinats se fait le plus souvent sous le couvert religieux. Il y a à Avignon, près de *Bonpas*, un orphelinat de garçons fondé par l'un de nos derniers archevêques, avec le concours de quelques donateurs. Les élèves, au nombre de 35 (en 1887) s'appliquent à des travaux agricoles dans un domaine d'environ 90 hectares.

On reçoit de jeunes orphelines à Avignon dans trois institutions congréganistes, qui en entretiennent chacune 50 à 60, soit au moyen d'une subvention de 1,300 francs donnée par la Ville et inégalement répartie entre elles, soit au moyen de la charité privée, qui fait un apport nécessaire. Les commençantes, soit par elles-mêmes. soit par quelque protectrice, doivent payer une mensualité, plus une prime d'entrée. Mais souvent elles ne paient pas, ne le pouvant. Sauf motif grave, elles doivent rester jusqu'à 21 ans. Les travaux sont limités à la couture.

En outre des habitudes morales, les orphelinats ont en vue l'apprentissage d'un gagne-pain. On doit s'y accoutumer un peu à la dure, comme dans l'antichambre des labeurs de la vie. Mais, quelques parfaits qu'ils soient, par malheur une qualité leur manque essentiellement : l'esprit de famille.

VIII

Le Bambinat

Ceci est un titre de fantaisie qui n'a rien d'officiel, sous lequel nous rangeons les crèches et les écoles maternelles.

Les *crèches* sont des entrepôts d'enfants à la mamelle, que les mères viennent allaiter à certaines heures, pour retourner ensuite à l'atelier. Les deux que nous avons à Avignon reçoivent une subvention de 300 fr. de la ville, plus 150 fr. du département. On doit payer par chaque enfant 5 centimes ou 10 centimes par jour ; mais les mères sont pauvres et souvent elles ne donnent rien. La maigre recette sert à payer du lait, du chauffage, etc. Quelques personnes charitables font l'entretien d'un berceau à raison de 20 fr. par an. Il y en a 35 ainsi constitués dans nos deux crèches. La petite clientèle est plus bruyante que nombreuse : les deux établissements peuvent bien compter un effectif de 60 à 80 marmots ou marmottes, futurs citoyens ou citoyennes pourvu que Dieu leur prête vie.

Les *écoles maternelles*, autrement dites *salles d'asile*, sont d'un ordre plus élevé, concernant des personnages qui ont fait plusieurs pas dans la vie. Ce sont des écoliers et écolières de taille, de 3 à 6 ans, propres à bruire et à charbonner les murailles. On peut bien dire que ce sont écoles ouvertes pour la joie des enfants et la tranquillité des parents. Il faut supposer qu'il y a encore d'autres motifs, par exemple de permettre aux père et mère de vaquer aux travaux d'atelier, nécessaires à l'entretien du ménage, pour le pain et le reste. Différemment ces asiles seraient à bon droit accusés de relâcher les liens de la famille.

Les écoles maternelles officielles sont gratuites. Avignon en a cinq *intra-muros*, qui coûtent annuellement au budget municipal une dizaine de mille francs. Il y en a en outre une d'ordre privée qui est payante, à raison de 6 fr. par mois : elle compte une cinquantaine d'élèves. Les officielles en ont au-delà de 600.

IX

Société de charité maternelle

A l'assistance infantile, il faut inscrire encore une société de bienfaisance qui vient en aide aux accouchées qui ont charge d'au moins trois enfants. Le conseil des Dames directrices leur alloue des secours, et notamment une subvention de 6 fr. par mois pour la nourrice si la mère ne peut allaiter l'enfant, et sur le vu de leur délibération le bureau de bienfaisance ajoute aux 6 fr. des dames un supplément de 3 fr. par chaque mensualité. En général, cette subvention de 9 fr. est servie du premier au douzième mois sans plus. Que si la mère nourrit l'enfant et qu'elle y soit insuffisante, d'après l'avis du médecin, le bureau de bienfaisance lui alloue des bons de lait, pour prise simple ou bien double selon le cas.

La société de charité maternelle reçoit de la ville une subvention annuelle de 3,000 fr.

X

Divers

JEUNES AVEUGLES. — Crédit de 1,500 fr. alloué par le Conseil général à l'Institut de M. l'abb. Dassy à Marseille, pour 3 boursiers.

SOURDS-MUETS. — Le Conseil général de Vaucluse a affecté à leur entretien pour l'année 1889, la somme de 5,725 fr., répartie dans trois établissements, en bourses et demi-bourses, savoir : 875 fr. à l'Institut de Saint-Hippolyte-du-Fort (Gard), pour 2 boursiers ; au couvent du Bon-Pasteur à Avignon, 900 fr. pour 3 boursières : à l'Institut de M. l'abbé Grimaud à Avignon, 3,950 fr. pour 10 boursiers. Là il y a de plus 2 boursiers du département du Gard. Indépendamment des boursiers ci-dessus, cet établissement a comme élèves libres une douzaine de sujets. M. Grimaud ne s'occupe pas seulement de démutisation : il traite encore le bégaiement, qui, sauf erreur de ma part, est le plus souvent une maladie morale ; enfin il reçoit les enfants dont le développement intellectuel a subi un arrêt, ce qu'il appelle les *enfants anormaux*, et il suscite l'évolution de leurs facultés.

En outre des grands services d'assistance publique, le département de Vaucluse a inscrit à son budget de 1889, une somme de 41,342 fr., pour : voyageurs, vaccine, crèches, sociétés maternelles, enfants du premier âge, société de secours, assistance judiciaire, dépôt de mendicité, secours thermaux, aveugles, sourds-muets, extrême misère, prisonniers, etc.

XI

Les monts-de-piété

Par leur but humanitaire, les monts-de-piété ont une place dans la nomenclature des institutions charitables.

Celui d'Avignon est le plus ancien de France, ayant été fondé en 1577. Ce qui est devenu le département de Vaucluse fournit: le 4e à Carpentras en 1612, le 10e à Apt en 1674, le 11e à L'Isle-sur-Sorgue en 1675. Celui de Paris est de 1777, Lyon de 1810, Toulouse de 1827, Le Havre de 1835.

Le mont-de-piété d'Avignon a reçu *en 1888* : 18,828 engagements. Il a prêté 530,304 francs à 4 0[0 net de tout frais. Il y a eu : 18,009 dégagements, et les remboursements ont atteint 476,271 fr. Enfin il y a eu 2,892 articles de renouvellement, pour une somme de 125,210 fr.

Une condition des soies est adhérente à l'établissement

XII

Les Bureaux de bienfaisance

En entreprenant cette étude sur l'assistance, nous visions spécialement la question des bureaux de bienfaisance que nous avions principalement à cœur de traiter. C'est donc pour la fin que nous avons réservé la partie capitale de nos recherches, le côté particulier de l'assistance qui nous est le plus familier.

Les bureaux de bienfaisance sont régis par la loi du 7 frimaire an V, les décrets du 12 juillet 1807, du 30 décembre 1809, les ordonnances royales du 31 octobre 1821 et du 6 juin 1830, la loi du 7 août 1851, celle du 5 août 1879 et diverses circulaires ministérielles.

Pour l'histoire des bureaux de bienfaisance, nous mettons à profit une étude due à la plume savante et laborieuse de M. Hubert Valleroux.

Avant la Révolution, indépendamment des couvents où se faisaient des distributions, on avait les *Bureaux des pauvres*. Ils disparurent avec les institutions auxquelles ils se rattachaient, mais le Directoire les releva par la loi du 7 frimaire an V, et ensuite le premier consul organisa cette assistance sous sa dénomination nouvelle de : *Bureaux de bienfaisance* (1800).

Toutefois, leur institution est casuelle, non obligatoire, très inégalement répartie dans les départements.

Sur leur nombre (1), en 1871 : le département du Nord en a 631 pour 661 communes ; Basses-Pyrénées, 387 pour 558 communes ; Vienne, 34 pour 300 communes ; Haute-Vienne, 24 par 212 communes ; Pyrénées-Orientales, 12 pour 231 communes ; Corse, 5 pour 364 communes ; Vaucluse en a 59 pour 150 communes.

Tres inégale aussi la répartition des secours par bureau. D'après l'enquête ordonnée et arrêtée à 1871-72, terminée en 1874 : 644 bureaux étaient sans ressources ; 352 en ayant n'en avaient pas distribué ; 1,506 avaient distribué de 1 franc à 50 francs ; 1,292 avaient dépensé de 50 à 100 francs, et 4,626 de 100 à 500 francs. (2)

Tous les fonds apparents ne sont pas distribués en secours, car il faut en défalquer les frais du personnel salarié et autres. (3)

Notes des pages 87 et 88	1833	1854	1871-72	1884
(1) Nombre........	6.275	9.336	13.367	14 764
(2) Assistés........	695 932	1.329 553	1.608 129	1 413.000
(3) Recettes........	10.315.746 f.	17.381.000	31.841.000	37 374.500 f.
Dépenses ...	8.956.000	16.866.105	31.674 252	34.450.000
Reliquat ...	1.359.746	514 895	166.748	2.924.500 f.

Les budgets des bureaux de bienfaisance sont très inégalement dotés : Paris a 8 millions 251.000 francs ; Lyon, 738,911 ; Lille, 604,000 ; Versailles, 465,331 ; Marseille, 325,464 ; La Rochelle, 254,457 avec 23,000 habitants ; Le Havre, 188,320 ; Cambrai, 169,000 avec 24,000 habitants ; Valence, 9,202 avec 26,000 habitants ; Avignon, avec 41,000 habitants, a 40,368 francs pour recettes *ordinaires*.

Les ressources ont diverses provenances. Il y a d'abord le reliquat des anciennes fondations, puis celles qui sont plus récentes, ce qui a fourni en 1884, pour les départements, 13,978,000 francs.

Ensuite viennent les quêtes, 1,749,000 fr. ; les troncs, 1,155,000 francs ; le droit des pauvres sur les théâtres, 1,063,000 francs ; autres, 3,765,000 francs.

Ces ressources seraient insuffisantes sans les subventions communales. Elles ont été de 5,117,900 francs pour les communes autres que Paris.

En 1884, le total distribué en secours, frais déduits, est de 29,169,900 francs, dont 8,947,600 francs pour la Seine, et 20,122,000 francs pour les autres départements.

En 1853, les secours ont varié : de 1 fr. 27 c. à 406 francs dans la Côte-d'Or ; de 28 centimes à 195 francs dans la Gironde ; de 24 centimes à 224 francs dans la Marne.

Plagny, dans la Côte-d'Or, inscrit 340 pauvres sur 675 habitants ; Rottier (Drôme), 140 sur 200 habitants. L'enquête de 1874 a révélé que Verly (Aisne) a 251 pauvres avec 954 habitants et un revenu de 1,760 francs. Parfois, plus de la moitié de la population est inscrite : à Saint-Waast (Nord), 411 sur 696 habitants ; à Tilloy (Nord), 200 sur 350 ; à Saint-Germain-des-Angles (Eure), 55 sur 83 ; à Oisy (Pas-de-Calais), 256 sur 260, c'est-à-dire que les revenus du bureau (2,362 fr.) sont distribués entre les habitants

D'autre part, on trouve des bureaux de bienfaisance dans les Alpes-Maritimes, Hautes-Alpes, Haute-Garonne, Ille-et-Vilaine, Garonne, Basses-Pyrénées, avec des revenus de 25, 21, 16, 9, 3, 2 et 1 centimes, venant de dotations de plusieurs siècles, avilies ou divisées par héritages.

Actuellement, on n'autorise pas la constitution d'un bureau de bienfaisance s'il n'a au moins 50 francs de rente.

L'enquête de 1874 a constaté des distributions d'une modicité étonnante. Saint-Montant (Ardèche), avec 52 pauvres et 54 fr. de revenu n'a distribué que 20 fr. 30 c.; Singly (Ardennes) a 4 fr. 50 de revenu et n'a donné que 2 francs à ses 5 pauvres; Ojon (Aube) a dépensé 1 franc pour ses 7 pauvres, avec 27 francs de rente; Lavalette (*ib.*), avec 97 francs de revenu, a donné 12 francs à ses 12 pauvres; Airon (Calvados), a dépensé 5 fr. 90 pour 17 pauvres sur 141 francs de revenu; Parfouru (*ib.*), 8 fr. 77 sur 230 francs de rente; Gréville (Manche), avec 150 pauvres inscrits sur 679 habitants, a donné 12 fr. 43, moins de 10 centimes à chaque; Groffigny (Marne), avec 361 francs de revenu, n'a donné que 12 fr. 81 à ses 2 pauvres sur 700 habitants; Plouzat (Pas-de-Calais) a dépensé 9 fr. 63 sur 316 fr. de revenu. Quand les dépenses sont si infimes, il est vraisemblable qu'elles représentent seulement des frais de bureau.

Pour de plus amples détails sur ces singularités économiques, on peut voir les articles de M. Hubert Valleroux, publiés dans l'*Economiste Français* des 15 décembre 1888 et 12 janvier 1889.

Il y a, dans le département de Vaucluse, 59 bureaux de bienfaisance sur 150 communes. D'après le relevé officiel arrêté au 31 mars 1887, ils ont eu un revenu de 129,630 francs, dans lequel Avignon figure pour 47,695 francs de recettes *diverses*. Celui-ci déduit, il reste pour les autres bureaux des communes 89,688 francs, depuis Saint-Christol (canton de Sault) qui a 82 fr. avec 560 habitants, et Villelaure (canton de Cadenet) 84 francs avec 1,171 habitants, jusqu'à Cavaillon qui a 6,104 francs avec 9,144 habitants, Pertuis qui a 6,104 francs avec 5,484 habitants.

Sur le revenu total des bureaux de Vaucluse de 129,630 francs, les ressources provenant de dons et legs figurent pour 106,803 francs, et l'impôt pour 22,827 francs.

XIII

Le Bureau de Bienfaisance d'Avignon

Le bureau a été fondé en 1800. Dans le principe, il n'a pas gardé dans ses archives le double de ses opérations, qui ne se trouveraient que dans les dépôts de la comptabilité publique. Nous n'en avons l'état sous la main que depuis 1856. C'est ainsi que nous voyons les recettes ordinaires s'élever en

1856	à fr.	27,361.50	1862	à fr.	31,612.58
1857	—	29,612.48	1863	—	33,921.60
1858	—	30,573.54	1864	—	33,609.53
1859	—	30,660.87	1865	—	35,348.16
1860	—	31,548.28	1866	—	36,647.16
1861	—	32,558.91	1867	—	36,264.90

Pour les 21 dernières années, en même temps que les recettes *ordinaires*, nous marquons le nombre de *passants* secourus et le nombre de *familles* assistées. (*Multiplier par 4 le chiffre des familles, pour avoir approximativement le nombre des individus intéressés aux distributions.*)

		Recettes ordinaires		Familles secourues		Passants secourus
		—		—		—
1868	fr.	34,239.79	—	961	—	7,095
1869	—	36,190.77	—	1,100	—	7,110
1870	—	24,170.52	—	895	—	7,182
1871	—	35,081.78	—	930	—	9,204
1872	—	37,753.20	—	940	—	9,945
1873	—	37,902.13	—	1,040	—	9,312
1874	—	35,434.16	—	935	—	8,969
1875	—	36,791.43	—	940	—	4,002
1876	—	37,096.42	—	861	—	6,822
1877	—	34,961.34	—	870	—	7,763
1878	—	37,028.84	—	883	—	6,825
1879	—	32,199.01	—	1,061	—	6,438
1880	—	46,222.29	—	1,112	—	6,927
1881	—	38,787.71	—	1,113	—	4,015
1882	—	42,260.37	—	905	—	5,560
1883	—	46,717.36	—	1,014	—	5,466
1884	—	42,055.77	—	970	—	5,419
1885	—	44,773.90	—	1,118	—	5,980
1886	—	45,016.05	—	1,220	—	4,362
1887	—	43,484.45	—	1,110	—	3,918
1888	—	44,207.05	—	1,092	—	5,635

Les recettes, comme on voit, montent généralement. Si l'administration républicaine qui est entrée en fonction à la fin de 1879 n'y est pour rien, du moins il faut reconnaître qu'elle n'y a pas nul.

Les recettes ordinaires de 1887 sont :

	D'origine charitable —	D'origine légale (Impôt) —
Rentes sur l'Etat	fr 9,493.»»	
Rentes sur particuliers..	75.»»	
Rentes s. le Mont-d-Piété	200.»»	
Intts. de fonds au Trésor	209.»»	
Produit des concessions pour sépultures......	———	3,359.90
Droits sur les spectacles forains	———	2,967.»»
Subvention de la ville.	———	10,000.»»
Dons, aumônes, quêtes et collectes.........	4,890.70	
Allocation de la ville p. droits du théâtre....	———	6,000.»»
Produit des bassins du Jeudi-Saint	113.35	
Produit de div. valeurs.	60.»»	
Produit des troncs.....	60.85	
Subvention du 14 Juillet	———	500.»»
Fondation de Mons....	2,440.»»	
	———	———

Totaux: 1° La charité; 2° L'impôt...	17,541.90	22,826.90

Total net effectif	40,368.80
En ajoutant :	
Ouvroir *par balance*......	2,990.65
Crèche pour mémoire....	125.»»
On a le total apparent ci-dessus de	43,484 45
conforme aux livres.	

Après la recette la dépense.

En 1887, il a été distribué des vêtements à 1,110 familles, comprenant environ 4,400 individus, non compris les pauvres honteux qui ont reçu des secours en argent, et 3,918 *passants* qui ont coûté 1,494 fr. 55.

Il a été dépensé pour :

Achats	Tissus et confect. de vêtements	fr 6,236.72
	Pain........................	9,841.57
	Légumes, comestibles p. soupes	2,134.70
	Lait de vache et d'ânesse.....	571.90
	Bandages....................	153.»»
	Charbon et chauffage.......	789.83
Secours en arg. aux pauv. honteux		3,390.»»
Fondations avec affectation spéciale		1,651.95
Viande aux malades.............		676.35
Sucre et médicaments..........		197.70
520 mois de nourrice (94 enf.) à 3 f.		1,560.»»
6000 bons du fourneau économique		600.»»

Chaussures		257.»»
3,918 passants		1,491.55
		29,555.27

Frais d'administration :

Secrétaire	1,200.»»	
Religieuses à 450 et 300f	4,667.50	
Receveur	1,218.»»	
Médecin	120.»»	7,895.60
Concierge	500.»»	
Frais de bureaux et imprimés	190.10	
Réparations, blanchissage, éclairage, etc.		1,797.26

Solde à nouveau pour l'exercice suivant.

On voit, par son budget des dépenses, les formes diverses que revêt l'assistance au bureau de bienfaisance d'Avignon. Il ne fait en cela que maintenir la tradition d'une institution célèbre dans les annales de la cité pendant trois siècles : l'AUMONE GÉNÉRALE, dont l'histoire a été écrite par notre savant archiviste Paul Achard. Nous y lisons (pages 7 et 8) qu'il était *enjoint de visiter les maisons et chambres de tous les pauvres, s'informant diligemment des voisins et autres pour savoir leur pauvreté et besoin... pour donner à chacun pain et ar-*

gent selon leurs nécessités qu'ils n'ont moyen de supporter. Aux pauvres honteux leur est porté l'aumône secrètement en leur maison. Les susdits pauvres sont habillés par ladite Aumône, et davantage leur sont donnés : linceuls, chemises, couvertes, paillasses et autres choses nécessaires.

Nous y voyons que les pauvres garçons d'âge compétent sont mis en apprentissage *pour apprendre un art;* que les filles seront préservées de perdition, mariées quand besoin sera ; que des outils seront donnés aux travailleurs qui en manquent, même un peu d'argent sur gage, et le gage sera rendu même si on ne peut rembourser la somme. On s'ingère en outre de faire loger les malades au grand hôpital pour *purger et médicamenter* et l'on donne des secours aux passants.

Le bureau de bienfaisance d'Avignon fait toutes ses choses, sauf *purger*, *médicamenter*, et *prêter sur gage.*

Les pauvres sont visités à domicile et leurs besoins sont constatés par les sœurs et quelque libre-penseur qu'on soit, il faut avouer que nul ne le ferait comme elles. Des cartes sont délivrées aux ayant-droit pour les distributions de pain et de vêtements. On donne, comme jadis, *chemises, couvertes et paillasses*, robes, chaussures, vestes et pantalons. De novembre à avril, on distribue la soupe à tout venant, le matin à 11 heures. Chaque consommateur présent en reçoit une quantité proportionnée à sa faim, et les ménagères en emportent pour toute leur maisonnée. Les rations quotidiennes varient de 500 à 1,000, selon la rigueur de la saison.

Il est fait des distributions publiques de pain à tout venant, plusieurs fois dans la saison d'hiver, et plus souventes fois quand les temps sont rigoureux, par demi-kilog. à l'enfant et kilog. plein à la grande personne. Chaque distribution atteint 16 à 1,800 kilog. et coûte environ 500 francs. Mais les distributions de pain sur une moindre échelle sont quotidiennes toute l'année au bureau, en satisfaction de réclamations incessantes plus ou moins fondées. Il y a en outre le service des passants, dont la fréquence est indiquée dans les tableaux ci-dessus.

Si les distributions de pain et de soupe faites les yeux fermés sont dans les principes économiques, c'est chose à débattre.

Signalons incidemment que c'est dans ces agapes de la soupe qu'il nous a été donné le mieux de contempler les effets de la charité officielle ! La salle est vaste, parquetée, bien chauffée ; les tables reluisent de propreté et les clients attablés, bien endentés, manifestent les dispositions les plus vaillantes. Des récipients métalliques très propres, de la contenance de 60 à 80 rations, arrivent répandant un fumet appétissant. La sœur décorée de son bien blanc tablier et de son meilleur sourire, retire du vase le plongeon comble et le déverse dans l'écuelle du consommateur. Pense-t-on qu'il soit répondu à politesse par politesse, et qu'il y avait même un merci banal, un signe quelconque de gratitude ? Il n'en est rien, du moins le cas en rare. Pour la généralité, ils sont là exigeants, parfois grossiers, comme si on payait fièrement de sa poche !

Les soupes sont variées journellement : c'est du riz, des pois, des haricots ; un peu de pain dedans et beaucoup de légumes ; pas trop de liquide. La ration est d'un demi-litre, capacité du plongeon, mais on en donne à satiété. La qualité est excellente.

La soupe n'a qu'une saison. La distribution du pain n'est pas supprimée, mais fort restreinte actuellement pendant l'été, contrairement aux précédents, et cette quasi-suppression a été bien acceptée parce qu'elle est générale. Preuve que c'est l'habitude encore plus que le besoin qui faisait affluer la demande. La distribution gracieuse n'est plus ; on s'en console dans l'égalité. Socialisme d'Etat et dégradation des âmes !

La distribution des vêtements est plus sévère, étant précédée d'une étude que les sœurs vont faire sur lieu, au milieu des haillons, au cœur de la misère, avec un courage peu commun : il n'y a qu'elles, je crois, pour une telle besogne.

Les vêtements sont confectionnés par les sœurs.

En outre, le bureau vient en aide aux accouchées par bons de lait de vache ou mois de nourrice, aux malades par bons de viande, à divers par chaussures, bandages, bons de fourneau, secours en argent, etc.

Tout cela est fait par le bureau de bienfaisance, en conformité des us et coutumes de sa glorieuse devancière : l'*Aumône générale*.

Il n'y a pas jusqu'à l'ouvroir des jeunes filles qui ne rentre dans cette tradition séculaire. L'Aumône entretenait des apprentis, garçons et filles : ils étaient au nombre de 48 en 1749, comme nous l'avons vu précédemment. L'instruction et l'apprentissage sont la meilleure assistance pour l'enfant, assistance préventive, bien moins coûteuse que l'assistance subventive.

Si dans les faits et gestes, tant de l'ancienne Aumône générale que des bureaux de bienfaisance actuels, il n'y aurait pas à redire parfois au point de vue des lois économiques sainement comprises, c'est une question qu'il ne faut aborder qu'avec réserve, d'abord parce qu'il ne faut pas désobliger ceux qui ont le dévouement de se consacrer à une œuvre pénible et ingrate ; ensuite, parce que changer est facile à dire et difficile à faire. Il y a comme un droit de possession soi-disant indiscutable chez ceux qui ont coutume d'émarger, même sans droit vrai, au budget de la charité : les refouler ne se peut sans des atermoiements et des ménagements très grands. Ceux qui ne le comprennent n'y songeront seulement pas, et les autres hésiteront. Que chacun fasse de son mieux, et paix aux hommes de bonne volonté !

XIV

La théorie des Bureaux de bienfaisance

En disant la théorie, nous entendons qu'on peut en prendre et en laisser : la pratique seule est souveraine.

Sous cette réserve, il est permis d'énoncer quelques aphorismes :

1. L'assistance est pour les faibles, comme l'enfant délaissé, la femme abandonnée, le vieillard sans support.

2. L'adulte valide n'a aucun droit à l'assistance, sauf le cas exceptionnel de malheurs graves, imprévus, qui légitiment le secours accidentel, une fois donné.

3. Exclure des distributions les paresseux et les parasites, fumeurs, buveurs, amis de la joie. Fumer est bien, mais avec l'argent qu'on prend dans sa poche et non dans la poche d'autrui.

4. Soulager sans paupériser ; assister l'individu, non la classe. Classes assistées, classes paupérisées.

5. « Aucun plan pour secourir les pau-

vres ne mérite attention, s'il ne tend à les mettre en état de se passer de secours. » (Ricardo).

6. « Ne laissons pas les pauvres sans secours, mais ne leur ôtons pas la crainte d'en manquer. » (Saint Ambroise).

7. « Qui ne veut travailler ne doit pas manger. » (Saint Paul).

8. Eparpiller les secours par miettes, sous et centimes, c'est se livrer à une vaste culture et à l'entretien de la misère.

9. Concentrer les secours par bonnes sommes sur des cas particuliers bien méritants, successifs, serait faire œuvre utile, relèverait les courages, reconstituerait le travail et la production.

10. Exclure les distributions gracieuses comme démoralisatrices, et faire pour l'assistance régulière des règlements bien étudiés, définitifs, largement publiés, qui puissent être considérés désormais comme un arrêt du destin.

Nous empruntons au *Blue Book* cinq règles de conduite tracées pour les pauvres de Bristol et nous nous les approprions.

1. *Ne jamais donner à un mendiant sans une enquête sur la vérité de l'histoire qu'il*

vous débite. C'est un acte de cruel égoïsme que d'agir autrement. La pièce de monnaie enverra l'ivrogne au cabaret, où il n'aurait pu aller, et l'on aura encouragé le mensonge.

II. *Si vous donnez, donnez par sommes qui puissent être d'un secours efficace.* Le but de la charité est de rendre un service permanent. Des *sixpence* et des *shillings* sont presque sans valeur si on les prodigue sur beaucoup de personnes : accumulés, ils auraient été un véritable secours pour quelqu'un.

III. *Lorsque vous donnez personnellement, donnez avec une connaissance intelligente des circonstances et de l'existence des obligés. Donnez avec une véritable sympathie pour les malheureux, et dans un esprit de conscience et d'espoir.* Le pauvre est prompt à découvrir la méfiance à son égard. Si vous avez de la méfiance, ne donnez pas du tout. Vous n'avez pas le droit de donner si vous avez des suspicions.

IV. *Si faute de temps ou autrement vous ne pouvez entrer en relation vous-même avec le pauvre, ne donnez pas personnellement ; envoyez votre argent à ceux qui peuvent le faire et priez-les de le distribuer pour vous.*

V. *Ne donnez jamais en réponse à des lettres de mendicité. C'est la forme la plus entachée de fraude et celle qui démoralise le plus le caractère du mendiant.* (Publiées par M. Arthur Raffalovich. *Journal des Economistes.* — Juin 1885)

« Le meilleur moyen, dit Franklin, de
« faire du bien aux pauvres, ce n'est pas
« de les mettre à l'aise dans la pauvreté :
« c'est de les tirer et de les pousser hors de
« la misère. Dans ma jeunesse, j'ai beau-
« coup voyagé, et j'ai remarqué en diffé-
« rents pays que plus on organise des se-
« cours publics pour prendre soin des
« pauvres, moins ils prennent soin d'eux-
« mêmes, et naturellement ils deviennent
« encore plus misérables. Et au contraire,
« moins on fait pour eux, plus ils font eux-
mêmes, et mieux ils se tirent d'affaire. »
(Essais de morale, page 101.)

CONSÉQUEMMENT :

Il faudrait souhaiter la suppression de toute distribution, soit de pain, soit de soupe et autres secours à la population valide, sauf cas accidentels de courte durée, non moins que la suppression de tous secours à ces adultes dans la gêne qui, au préalable, ne renonceraient pas à toute dépense de petit luxe, cabaret, tabac, agréments de toilette, etc. La charité n'est pas pourvoyeuse de plaisirs ! ceci paraît fondamental.

Quelque tolérance de tabac pour des vieillards et le péché d'habitude se conçoit. Je sais un hospice privé où on leur donne à chacun un peu de tabac le dimanche, qui pour la pipe, qui pour la tabatière. Une vieille femme qui tient son tabac dans un papier et se permet une prise discrète ne compromet pas gravement le budget. Mais pour les jeunes, il faut convenir que la question est tout au moins à examiner.

Les vieillards que je vois là-devant moi, et qui viennent d'entrer à l'hospice n'en seraient pas, plusieurs du moins, à cette extrémité s'ils avaient économisé tant seulement ce qu'ils ont fumé de tabac dans la vie. Ils ont 70 ans, et la plupart fument depuis 50 ans et plus, une moyenne de 25 c. par jour. Or, de calcul fait, 25 centimes quotidiens, en capitalisant les intérêts, donnent au bout de 50 ans, au-delà de

20,000 francs (car de leur vivant jusqu'à ces derniers temps, on a capitalisé à 5 %). Admettons qu'ils n'aient pas dépensé 25 c. de tabac par jour, mais seulement la moitié, c'est encore tout au moins beaux 10,000 fr. qu'ils auraient à cette heure dans le gousset, n'était le cigare ou la bouffarde ; et les ayant, ils ne voudraient pas manger le pain de l'hospice. Il ne faut donc pas s'attendrir outre mesure sur une privation dont la sensation est d'origine peu louable.

Quant aux mesures rigoureuses, mais justes, suggérées ci-dessus, elles donneraient immédiatement les moyens de venir en aide d'une manière plus large aux besoins de l'enfance et de la vieillesse, de la femme délaissée, des accidents du travail. Mais dire est facile, et faire veut un certain courage, au milieu des abus consacrés. Ajoutons qu'il ne faut pas de changement brusque, mais l'acheminement petit à petit vers le but désiré.

On couperait d'abord court à quelques abus. Il n'est pas rare, un soir de représentation à moitié prix au théâtre, de voir s'étaler au *poulailler* ces clientes des bons de pain qui viennent les quémander tous les jours sans vergogne. D'autre part, on vend parfois les vêtements, les bons de pain. Il y a eu des cas de pain employé à des bestiaux, et aussi à alimenter des pensionnaires bi-pèdes et bien payants dans des gargottes interlopes. Que si on a donné de l'argent pour un but déterminé, il change bien plus aisément de destination !

Il ne peut pas ne pas y avoir des abus : il peut toujours y en avoir moins.

La meilleure bienfaisance, c'est l'instruction, l'apprentissage, le prêt d'outils, l'ouverture d'un chantier.

La pire, c'est l'excès des dépenses publiques et privées, qui ne font pas *aller le commerce*, comme se le figure un vulgaire ignorant, mais qui, au contraire, font beaucoup plus sûrement aller le monde à l'hôpital.

Certains cas de besoin se présentent qui veulent explications. Faut-il venir en aide au travailleur pour compenser son insuffisance de salaire ? Si oui, il est évident qu'on paiera une prime laquelle ira non pas à l'ouvrier, mais à l'entrepreneur. L'entrepreneur sera soulagé d'autant pour l'entretien de son personnel; il l'obtiendra au-dessous du cours, et lui seul, en réalité, percevra le bénéfice de l'assistance : l'ouvrier n'en aura que le profit apparent.

Autre question : Dans la distribution des secours, faut-il tenir compte de l'honnêteté des réclamants ? Faut-il faire acception de personne, selon les opinions religieuses et politiques des demandeurs ?

Un jour de distribution se présentait à nous une femme de quelque 35 ans, disant ses besoins un peu haut. J'ai quatre enfants, dit-elle. — Ah ! Et votre mari, que fait-il ? — Je n'en ai pas. — Alors vous êtes veuve ? Non, Monsieur ! Voilà : c'était une femme sans préjugés ! Si on lui donna, c'est pour les enfants Quand on se met en dehors de la loi morale de la société où l'on vit on n'a pas le droit d'en réclamer les faveurs complètes.

On donnera à tous ceux qui souffrent de la faim, mais il est impossible de ne pas différencier en plus et en moins, en ayant à servir des personnes qui sont méritantes et des personnes qui ne le sont pas.

Dans d'autres temps, cette considération allait loin : il fallait être bien pensant en religion et en politique pour avoir le droit d'être secouru, les distributions étant sous la gouverne des congrégations religieuses. Aujourd'hui, on ouvre les yeux sur la réalité des besoins, on les ferme sur les doctrines particulières, sur l'orthodoxie, sur les pratiques cultuelles. La charité privée peut y avoir égard ; la charité légale ne le doit pas, sauf à faire quelques réserves sur la morale générale admise de tous, non contestée.

Nul ne peut être abandonné, mais il n'est pas possible de faire part égale. Si on délaissait complètement le malhonnête, on l'enfoncerait dans sa malhonnêteté. Si l'honnête n'a pas une part un peu meilleure, la vertu est frustrée de sa récompense.

La religion est hors de cause. Hors de cause aussi la politique : d'ailleurs, les pauvres ont bien d'autres soucis que de penser au gouvernement ! Ventre affamé n'a pas plus d'opinion que d'oreille. Une opinion, c'est l'indépendance de l'esprit, et le pauvre n'en a pas. S'il affiche une opinion c'est flatterie hypocrite, engagement de client, offre tacite de suffrage. La tentative ne réussit pas toujours ; elle réussit quelquefois. Au bureau d'Avignon elle n'a pas de crédit. Il n'est que juste de dire que cet établissement fonctionne avec une grande élévation de vues, non moins qu'avec un ordre merveilleux, par une comptabilité minutieuse et sévère, et par le concours des sœurs, qui suivent bien l'impulsion bienveillante et éclairée de la Commission. Sans elles, à mon humble avis, l'entreprise ne marcherait pas.

XV

APPENDICE

L'Ouvroir de jeunes filles

Ce chapitre n'est qu'un appendice au présent traité, de même que l'Ouvroir n'est qu'un appendice du Bureau de bienfaisance d'Avignon, auquel il est relié par un artifice de comptabilité.

L'Ouvroir fut fondé en 1857 au moyen d'un don anonyme de 18,000 francs, versés dans le tronc de l'œuvre, avec explications, conditions et affectation spéciale. Les sœurs l'administrent : elles présentent trimestriellement des comptes de recette et de dépense qui se balancent, et que la commission vérifie un peu pour la forme, portant dans son budget une même somme totale en recette et en dépense (1).

(1) On donnerait de la régularité à ces opérations en les traitant sous forme administrative, et en les faisant encaisser par M. le Receveur de l'établissement. Mais ce serait un moyen assuré de tarir la clientèle, qui, *étant libre de ses commandes*, ne les soumettrait pas à des conditions sans débat, à des termes de règlement sans complaisances, et n'accepterait pas le cachet officiel.

Voulant s'associer à la bonne œuvre, les administrateurs de l'époque de la fondation votèrent la fourniture gratuite du pain nécessaire au jeune troupeau, à prendre sur la provision de l'établissement. Cette gratuité a été maintenue depuis, sauf que, aujourd'hui, pour l'exacte comptabilité, elle a une limite précise : 20 kilogrammes par jour.

Les enfants sont reçues à 13 ans, agréées par la commission. Il peut y avoir 26 à 28 pensionnaires et 8 à 10 externes. Le séjour normal est de 3 ans, 5 ans au plus, sans engagement, car on quitte quand on veut. La volonté expresse du donateur est qu'elles soient d'Avignon. On les choisit dans les familles indigentes ou voisines de l'indigence.

Néanmoins, les admissions sont payantes par mensualité, soit du fait de la famille, soit du fait de quelque personne charitable : elles sont gratuites dans quelques cas, si l'état des ressources le permet. Cette cotisation mensuelle cesse lorsque le travail de l'enfant paraît équivaloir à sa dépense, généralement vers la fin de la première année. Plus tard, les élèves qui sont devenues habiles sont payées, et les sommes ainsi allouées en salaires sont supérieures aux sommes encaissées par cotisations. Les familles fournissent le vêtement et la chaussure. L'établissement donne la literie : c'est plaisir de voir ce dortoir parfaitement tenu, ciré, avec linges et rideaux bien blancs !

Avec le produit du travail, l'Ouvroir subvient à sa dépense d'atelier pour fil, aiguilles, chauffage, éclairage, etc., et à sa dépense de table pour la nourriture des enfants, sauf la concession panaire ci-dessus mentionnée. La somme brute de la recette annuelle pour coutures et travaux varie de 2,500 à 3,000 francs, sans avoir dépassé ce dernier chiffre. Il n'est fait aucun commerce d'étoffe. Toute la ressource est dans la commande de coutures pour la ville et l'extérieur, à peu près au prix courant des autres ateliers. La façon de la chemise se paie de 2 à 10 francs la pièce : on a les travaux communs et les travaux finement faits.

On tient d'abord les enfants sur des études scolaires à leur lever (ce qui ne leur plaît aucunement), pour grammaire, orthographe et calligraphie, arithmétique, géographie, et cela jusqu'à la récréation de huit heures accompagnant le déjeuner. Puis, les travaux d'aiguille commencent, pour se clôturer à six heures du soir, avec suspension à midi de une heure et demie pour le dîner et sa récréation, et d'une demi-heure pour le goûter et sa récréation à quatre heures. La journée de travail d'aiguille est donc de sept heures et demie à huit heures. Après le repas du soir, il y a promenade au dehors quand le temps le permet, et à travers champs une fois la semaine. Le gouvernement est vraiment maternel !

Il y a six semaines de grandes vacances dans la saison, sans préjudice des vacances pour les fêtes.

Les grandes vacances sont précédées, en août, d'une distribution de prix, alimentée par un legs spécial, pour les diverses parties des études scolaires ci-dessus, et en outre pour l'ordre, la couture, la broderie, les ouvrages de goût. Ce sont des livres, auxquels la commission ajoute l'octroi de quelques livrets de la caisse d'épargne amorcés d'une petite somme, comme encouragement et comme entrée dans la voie de la petite capitalisation.

Les concessions faites à l'Ouvroir par le Bureau de bienfaisance d'Avignon, pour le pain spécialement, peuvent s'élever à une somme annuelle d'environ 2,000 francs. Il y a des dépenses moins bien placées ! Il est encore mieux d'encourager le travail que de subventionner la fainéantise, comme on le fait souvent.

Les Ouvroirs ont été l'objet de vives critiques.

M. l'abbé Bautain, dans son livre *La Belle Saison à la Campagne*, les condamne absolument comme contraires à l'esprit de famille ; des économistes les accusent d'absorber dans un intérêt privé des fonds voués à la charité.

Je ne connais bien que l'Ouvroir conjoint au Bureau de bienfaisance d'Avignon ; à son égard, les critiques de M. l'abbé Bautain ne portent pas : l'esprit de famille n'y est pas en danger.

Quant aux legs de charité, ils ne sont pas tout dans les établissements d'assistance ; l'impôt y intervient pour une part. Or, on ne pourra condamner l'intervention accidentelle de l'impôt pour l'apprentissage des enfants des pauvres, tant qu'on en consacrera une partie autrement importante aux enfants de la bourgeoisie pour des bourses dans les lycées, le premier emploi aboutissant à faire des travailleurs utiles, et le second ne produisant souvent que des déclassés et des non-valeur.

L'apprentissage d'un état, de la couture par exemple, concomitant à l'apprentissage des bonnes mœurs, est la meilleure des garanties contre les nécessités charitables de l'avenir. Le bienfait sera sans mélange si l'Ouvroir ne compromet pas l'esprit de famille, s'il ne sépare pas complètement l'enfant de ses père et mère, frères et sœurs, s'il y a des latitudes de sortie, et si la vie s'y étale sans prendre jamais le caractère conventuel.

L'Ouvroir du Bureau de bienfaisance d'Avignon échappe à ces divers inconvénients ; aussi est-il permis de le regarder comme la plus saine et la plus utile partie de cette maison de charité.

Mais comme il ne faut pas que tout brille dans un tableau, je me permets d'y mettre un peu d'ombre.

Dans son saint asile, la bonne sœur ne connaît pas les soucis de la fortune ; elle compte ne pas manquer de pain en ce monde et avoir le paradis en l'autre : ça lui suffit. Aussi, ne la voit-on jamais tourmentée par la crainte !

Autre est l'exemple de la maîtresse de maison dans un atelier mondain, avec la fièvre du travail, la fièvre du bénéfice, la fièvre des échéances, la fièvre de l'activité pour suffire à tout.

Cette leçon des soucis et des inquiétudes qui sont l'étoffe habituelle de la vie, n'est pas à dédaigner : elle manque à l'Ouvroir congréganiste.

FIN

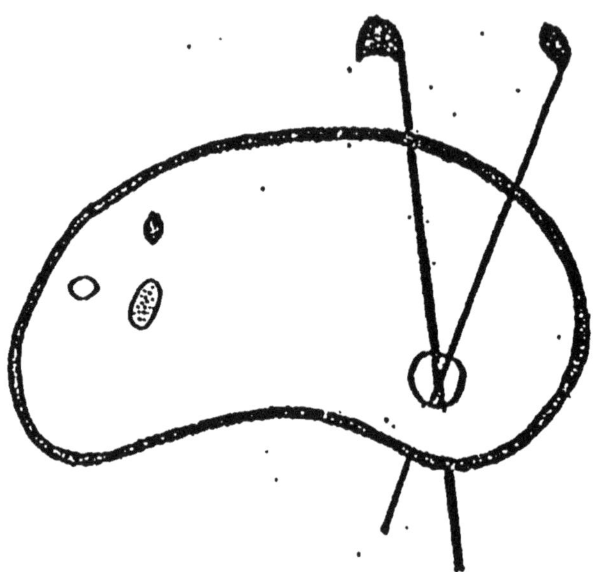

www.ingramcontent.com/pod-product-compliance
Ingram Content Group UK Ltd.
Pitfield, Milton Keynes, MK11 3LW, UK
UKHW021037230726
13926UKWH00004B/1522